D1338411

AFGESCHREVEN

DUMONTS KLEINE

VASTE PLANTEN LEXICON

Standplaats • Herkomst • Planting • Verzorging

Andrea Rausch

Foto's van
Annette Timmermann

De foto's op pagina 115, 205, 209, 251 en 269 zijn van Roland Spohn.
Alle andere foto's zijn van Annette Timmermann.

Oorspronkelijke titel: *Dumonts Kleines Staudenlexicon*
Oorspronkelijke uitgave: DuMont monte Verlag, Keulen

ISBN 90 366 1634 4

Rebo Productions, Lisse
www.rebo-publishers.com
info@rebo-publishers.com

Vertaling: Victoria Alkema
Zetwerk: AMOS Typografické studio s.r.o., Praag
Gedrukt in China

Inhoud

Inleiding

Vaste planten zijn niet meer uit onze tuinen weg te denken. Dat is ook niet verbazend, want vaste planten hebben zoveel te bieden: naast bloemen in overvloed zorgen ze met hun opvallende bladkleur en groeivormen voor accenten en vaak ook verwennen ze onze neus met heerlijke geuren. Of het nu om wilde planten met een natuurlijk karakter of gekweekte sierplanten met enorme, vrolijk gekleurde bloemen gaat, ze geven een tuin in de loop der seizoenen vele gezichten. Als de planten goed gekozen zijn is er altijd iets in bloei, en het hele jaar zijn er prachtige, kleurige en formele combinaties te bewonderen. Bovendien hebben vaste planten als voedselbron voor bijen, hommels, vlinders en vele andere insecten een waardevolle ecologische functie. Vele vaste planten kunnen ook op het balkon of in kuipen groeien, en als snijbloemen kunt u hun bloemen- en bladerpracht zelfs in huis halen.

Wat zijn vaste planten?

Vaste planten zijn echte overlevingskunstenaars en in de natuur passen ze zich vaak aan extreme omstandigheden aan. Dankzij hun ondergrondse delen als wortels, wortelstokken, bollen of knollen kunnen ze vaak gedurende vele jaren overleven. Deze overlevingsorganen bevinden zich in de bodem of vlak onder de

oppervlakte. In tegenstelling tot heesters zijn de delen die zich bovengronds bevinden meestal kruidachtig en sterven in de winter af. Dit 'afsterven' weerhoudt de plant er echter niet van in de volgende lente weer uit te lopen en opnieuw te bloeien. Veel zodenvormende vaste planten blijven zelfs in de winter groen.

Zeer vaak treffen we rizomen aan. Dit zijn verdikte wortelstokken, aan het uiteinde waarvan knoppen zitten, die in het voorjaar opnieuw uitlopen. Als de wortelstok loodrecht in de bodem groeit, dan ontwikkelt de plant zich polvormig, als hij zich horizontaal uitbreidt dan groeit de vaste plant in de breedte. Uit het oogpunt van de tuinier worden bol- en knolgewassen niet tot de vaste planten gerekend, hoewel ze er botanisch gezien wel toe horen.

De toepassing van vaste planten

Als u weet wat het natuurlijke verspreidingsgebied van onze tuinplanten is, dan kunt u in de tuin snel op hun eisen inspelen. Daarom delen vaklieden ze in bij de toepassingen border, vrije ruimte, rotstuin en alpinum, bos en bosrand, en water en waterkant.

In de tuin zelf bevinden zich vaak zeer kleine gebiedjes met een verschillend microklimaat. Dat kan een terras zijn in de volle zon, of een schaduwrijke, vochtige plek onder een grote boom. Daarbij komt de gesteldheid van de bodem: of deze bijvoorbeeld zandig of leemachtig, kalkhoudend of zuur is. Veel vaste planten gedijen zonder problemen in verschillende zones, terwijl andere specifieke eisen aan de standplaats stellen.

Border en borderrand: Hiertoe horen bijna alle rijk bloeiende sierplanten die door intensieve kweek zijn ontstaan. Ze hebben het liefst een voedselrijke, humusrijke bodem waarvan de oppervlakte door regelmatig schoffelen losgemaakt wordt. Het kan noodzakelijk zijn ze regelmatig te bemesten en te begieten. Borderplanten houden niet van concurrentie, daarom moeten ze niet te dicht op elkaar geplant worden. In de border kunt u deze vaste planten, die veel verzorging vragen, de omstandigheden bieden die ze voor een optimale ontwikkeling nodig hebben.

Vrije ruimte: Met dit begrip worden open, zonnige, warme zones zonder de schaduw van bomen en struiken bedoeld, die niet zoals een border gekoesterd worden. In de natuur zijn hier talrijke variaties van, van de droge steppe tot natte oevers; vrije ruimtes op een zure bodem bieden een thuis aan heideplanten. Hier kunt u ermee volstaan voor het planten de bodem om te spitten, het onkruid te verwijderen en compost door de aarde te werken. Wilde planten voelen zich in deze zone vaak bijzonder op hun plaats.

Rotstuin en alpinum: Vaste planten die van warmte houden en slecht tegen vocht kunnen, groeien ook in de natuur het liefst op een steenachtige, rotsige, voedingsarme bodem. De stenen zorgen voor de benodigde variatie in temperatuur: warmte gedurende de dag en afkoeling gedurende de nacht. In deze groep treft men talrijke alpenplanten aan die vaak in de kleinste rotsspleten en bovenop muren groeien. Voor de veeleisende vertegenwoordigers van deze groep wordt een alpinum aangeraden, dat zelfs op een platte schaal aan te leggen is.

BOS EN BOSRAND: Veel vaste planten voelen zich thuis aan de zogenaamde 'bosrand', aan de rand van bomen en struiken op een humusrijke bodem. Sommige planten prefereren zonnige, warme zones, terwijl andere ook in de koele wisselschaduw heel goed groeien. Echte bosplanten gedijen direct onder een boom, in de zone 'bos'. Vaak hebben ze betoverend mooi blad, een grote vitaliteit is hun gemeenschappelijk kenmerk. Het is aan te bevelen ze pas enkele jaren na de bomen en de struiken in één keer te planten, zodat deze eerst goed kunnen wortelen.

WATER EN WATERKANT: Een tuinvijver vormt de verbinding tussen de toepassingen 'water' en 'waterkant'. Daarbij zijn waterplanten die in de bodem wortelen maar hun blad en bloemen boven het wateroppervlak hebben, terwijl andere helemaal onder water staan. Tot het overgangsgebied tussen water en vasteland horen vaste planten die zich in ondiep water en in het vochtige moerasgebied thuisvoelen.

VASTE PLANTEN KOPEN

Het beste koopt u vaste planten in een speciaalzaak, in een tuincentrum of via een postorderbedrijf. Dan bent u er zeker van dat de planten sterk en gezond zijn.

Meestal worden vaste planten in kleine kunststof potjes aangeboden, inmiddels zijn er ook (bloeiende) grote planten in containers. Dat heeft als voordeel dat ze sneller groeien, maar ze zijn

dan wel duurder. Planten met blootliggende wortels zonder kluit komen niet veel voor; bol- en knolgewassen worden meestal in foliezakjes verkocht.

De planten moeten al goed geworteld zijn. Dat is het geval als de kluit gemakkelijk loslaat uit het potje. Het beste is het wanneer u de vaste planten meteen kunt planten. Als dit niet het geval is, dan kunt u de potjes tijdelijk op een windstille, schaduwrijke plaats zetten of ingraven. Vergeet ze niet water te geven. Vaste planten die in een pakket geleverd worden, moeten meteen uitgepakt worden. Als ze arriveren wanneer het vriest, dan moeten ze allereerst in een koele ruimte ontdooien. Bedenk vooraf waar uw vaste planten moeten groeien. Is de gekozen plek in de volle zon of in de schaduw, is het daar droog of nat, staan de planten onder loofbomen en krijgen ze in de herfst het vallende blad op zich, hoe is met de bodem gesteld? Als u bij de aanschaf let op deze factoren, kan er eigenlijk niets meer verkeerd gaan. U kunt overwegen, in eerste instantie een of twee proefplanten te testen, voordat u overgaat tot de aanschaf van grotere hoeveelheden.

Het planten van vaste planten

Planttijd: Vaste planten in potten en containers kunnen bij vorstvrij weer het gehele jaar geplant worden; vaste planten die in de zomer en de herfst bloeien het liefst in het voorjaar, planten die in het voorjaar en de zomer bloeien bij voorkeur in de herfst. In periodes met veel regen of bij een zeer natte bodem moet de planttijd verschoven worden. Als er vorst optreedt na het planten, dan kunt u de vaste planten beter afdekken, bijvoorbeeld met dennentakken of vliesdoek.

Het beste is vaste planten die slecht tegen de kou kunnen in het voorjaar te planten, net als de meeste varens en grassen. In zware leemgrond, die slechts langzaam opwarmt, moet u niet te vroeg in het voorjaar en niet te laat in de herfst planten of verplanten. Vaste planten met blootliggende wortels zonder kluit kunt u het beste na de bloeitijd planten. Bij voorjaarsbloeiende vaste planten is dat (laat) in het voorjaar of in de voorzomer, bij zomer- en herfstbloeiers in de herfst of vroeg in het voorjaar.

VOORBEREIDEN VAN DE GROND: Houd er rekening mee dat vaste planten het op hun uitgezochte standplaats jarenlang moeten kunnen redden. Daarom is het belangrijk de bodem goed voor te bereiden. De bodem hoort aan een aantal eisen te voldoen: hij moet goed luchtig zijn, het water moet goed weg kunnen, hij moet zo los zijn dat vaste planten diep kunnen wortelen, en hij moet voldoende humus en voedingsstoffen bevatten. Daarom moet de bodem tot een diepte van ongeveer 25 cm omgespit worden en al het onkruid verwijderd worden. Tegelijkertijd wordt compost, verrotte mest of meststof in de bodem gewerkt.

Wortelonkruid als distels en paardebloemen moet met wortelstok en al verwijderd worden. Onkruid dat uitlopers maakt, zoals kweek, moet in de kiem gesmoord worden. Gebeurt dit niet, dan groeit het in de plantzoden en is het bijna niet meer te verwijderen. Zelfs uit het kleinste overblijvende restje kunnen nieuwe planten ontstaan. Zit er erg veel onkruid in de bodem of is deze erg compact, dan zit er soms niets anders op dan de aarde te vervangen.

Op zware, leemachtige grond blijft vaak water staan, waar vaste planten slecht tegen kunnen. Deze bodem kan door toevoeging van zand, compost of schorshumus losser gemaakt worden. De structuur van lichte zandgrond daarentegen wordt verbeterd door de toevoeging van compost, terwijl hij dan tegelijkertijd van voedingsstoffen wordt voorzien.

Planting: Voor de vaste planten in het plantgat gezet worden, moeten ze eerst grondig begoten worden. De wortels mogen niet gedurende langere tijd aan de zon worden blootgesteld, anders drogen ze snel uit. Het beste kunt u planten wanneer de lucht bewolkt is. Zorg ervoor dat de vaste planten in de border ongeveer even diep staan als in het kweekpotje.

Stal de vaste planten voor het planten, als het kan aan de hand van een schets, op de gewenste plaats uit. Indien nodig kunt u dan nog een keer correcties aanbrengen. Het is belangrijk, in aanmerking te nemen hoeveel plaats de volgroeide vaste planten in beslag nemen en ze niet te dicht bij elkaar te planten, zodat ze elkaar later niet in de groei beperken. Hoge structuurplanten moeten het eerst geplaatst worden, vervolgens komen de kleinere planten en tot slot de bodembedekkers.

Als vuistregel voor de plantafstand geldt de uiteindelijke hoogte van de volgroeide vaste plant. Grote planten met penwortels, bijvoorbeeld de toorts, kunt u ook dichter op elkaar planten. Tussen kleine zodenvormende vaste planten, die in de breedte groeien, moet u meer ruimte laten (ongeveer 30 cm).

Druk de planten stevig aan en geef ze flink water. Ook na het planten hebben vaste planten, vooral op zonnige dagen, veel water nodig. Begiet ze echter niet te sterk, omdat ze daarvan kunnen gaan rotten.

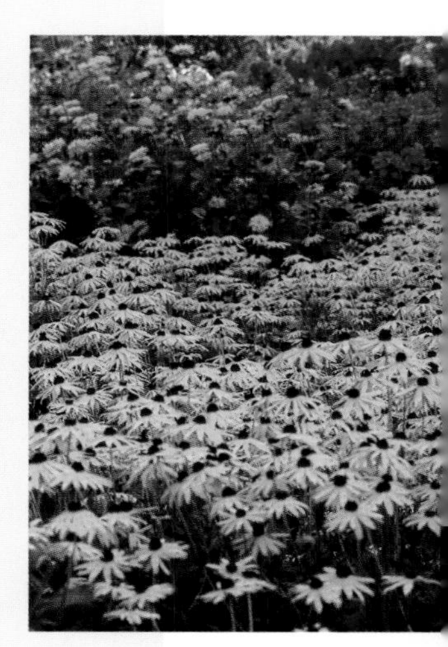

Het verzorgen van vaste planten

Het bewerken van de bodem: Vaste planten houden niet van een compacte bodem. Daarom is het belangrijk de grond door regelmatig schoffelen losser te maken. Tegelijkertijd verwijdert u zaadonkruid. Zorg er echter voor de wortels, wortelstokken, bollen en knollen niet te beschadigen.

Mulchen: Een mulchlaag behoedt de bodem voor uitdrogen en beschermt tegelijkertijd tegen onkruidgroei. Als u in de herfst een laag van ongeveer 5 cm dikte opbrengt, dan beschermt de mulch bovendien de wortels tegen vorst. Goed vergane, onkruidvrije compost, verrotte mest, grove schorsmulch, fijngehakt stro of kokosvezelproducten zijn bijzonder geschikt. Bij het afbreken van schorsmulch wordt er echter stikstof onttrokken aan de bodem, die door een bemesting van ongeveer 15–20 g per m^2 weer toegevoegd moet worden.

Bemesten: Als de vaste-plantenborder regelmatig wordt voorzien van compost – het liefst voordat de planten in de lente uitlopen – dan is extra bemesten veelal niet nodig. Voegt u niet regelmatig compost toe of staan er sierplanten met een grote behoefte aan voedingsstoffen, zoals de borderflox, pioenroos of rudbeckia, dan wordt aanbevolen meerdere keren extra te bemesten (in het voorjaar met stikstof, in de zomer evenwichtig, in de herfst ligt de nadruk op fosfor en kalium voor betere rijping). Meststoffen met langzame werking, die hun voedingsstoffen geleidelijk afgeven, hebben zich bewezen. Vele rotstuinplanten geven de voorkeur aan arme grond; op een voedingsrijke bodem zouden ze te weelderig groeien en uit vorm raken.

BEGIETEN: Op warme dagen zijn de meeste vaste planten dankbaar voor wat extra water; dit mag echter alleen 's morgens of 's avonds gebeuren en niet in de hete middag. Giet liever wat minder vaak, maar dan rijkelijk.

ONDERSTEUNEN: Vooral hoge vaste planten moeten tijdig ondersteund worden, zodat ze niet door de wind of door het gewicht van hun eigen bloemen knakken. Bamboestokken zijn hiervoor geschikt, of houten of metalen steunen die u zelf kunt maken of in de winkel kunt kopen. Ze moeten zijn afgestemd op de uiteindelijke hoogte van de vaste planten en stevig in de grond verankerd worden. Voor het vastbinden van de planten kan raffia gebruikt worden, die vanzelf vergaat.

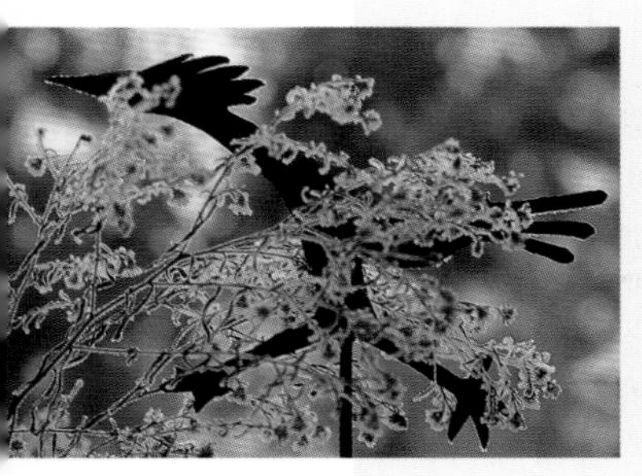

WINTERBESCHERMING: In de regel hebben vaste planten geen bescherming in de winter nodig. Maar als op een warme periode vorst volgt, kunnen knoppen en nieuwe loten bevriezen. Dit is vooral het geval bij droge vorst, dat wil zeggen vorst die gepaard gaat met ijzige wind en zonder sneeuwlaag. Meestal herstellen de planten zich weer snel. Vooral 's winters na het planten of bij planten uit gebieden met een zachter klimaat, bijvoorbeeld fakkellelie of pampasgras, kan afdekken met dennentakken of met vliesdoek nuttig zijn. Alpiene planten worden in hun natuurlijke omgeving meestal beschermd door een sneeuwlaag. Als deze niet voorhanden is, dan zijn ze blij met een bedekking van rijshout. Zodra de vorstperiode eindigt moet de beschermende laag meteen verwijderd worden. Vaste planten die in de winter hun blad behouden, verrotten gemakkelijk onder een beschermende laag. Vallend herfstblad hoeft alleen verwijderd te worden als het de vaste planten volledig bedekt. Voor de rest is het een welkome bron van humus.

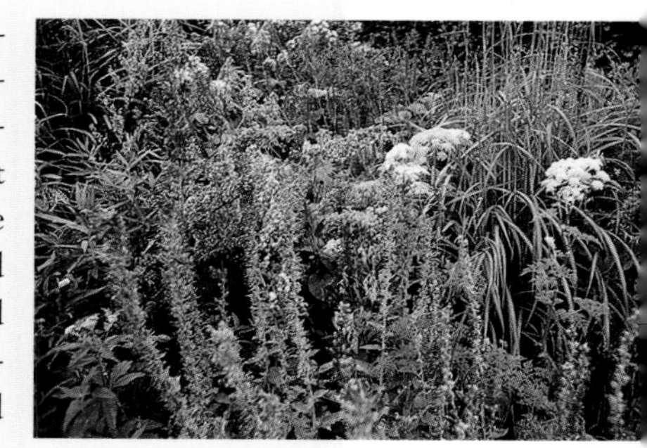

SNOEI: Snoeimaatregelen hebben zin om de volgende redenen: veel van de vaste planten die laat in het voorjaar of vroeg in de zomer bloeien, zoals lupine, ridderspoor, kattekruid of salie, bloeien nog een keer wanneer u ze na de eerste bloei tot vlak boven de grond terugsnoeit. Zo wordt ook voorkomen dat ze zichzelf uitzaaien. Door bemesten wordt opnieuw uitlopen gestimuleerd.
Bij vaste planten die in de zomer of de herfst bloeien, kunt u de bloeitijd verlengen door het stelselmatig verwijderen van verwelkte bloemen en bloemstengels. Op deze manier wordt de plant aangespoord om nieuwe knoppen te maken. Met de eigenlijke snoei kunt u dan, afhankelijk van de bloeitijd van de plant, wachten tot de herfst of het voorjaar. Voorbeelden zijn monarda's, meisjesogen, margrieten en flox.

Rijk bloeiende vaste planten als stokrozen en kokardebloemen moeten in de herfst sterk teruggesnoeid worden, zodat ze in het voorjaar weer krachtig uitlopen. Ook hun levensduur wordt daardoor verlengd.

Bij de meeste vaste planten is het niet nodig ze in de herfst rigoureus terug te snoeien. Integendeel, met rijp bedekte vruchten of grassen zijn ook in de winter aantrekkelijk. Juist planten die slecht tegen vorst kunnen, verdragen de koude beter als ze niet gesnoeid zijn. Als u te vroeg in de herfst snoeit, hebben de vaste planten nauwelijks de gelegenheid reserves voor het komende jaar aan te leggen. Wacht dus bij deze planten met snoeien tot het voorjaar.

Vaste planten waarvan de uitlopers verhouten, moeten regelmatig verjongd worden. Lavendel en heiligenkruid bijvoorbeeld moeten elke twee à drie jaar vroeg in de zomer krachtig teruggesnoeid worden.

Veel zodenvormende vaste planten en groenblijvende vaste planten, bijvoorbeeld Engels gras, hoeven niet elk jaar teruggesnoeid te worden. Als u wat verse aarde aanbrengt op de kale plekken in de plant en deze vochtig houdt, dan verschijnen snel nieuwe uitlopers.

HET BESCHERMEN VAN PLANTEN: Een optimale standplaats en een uitgebalanceerde voeding houden vaste planten gezond. Desondanks kunnen hier en daar schimmelziekten, virussen of schadelijk ongedierte voorkomen. In de eerste plaats moeten we verwelkingsziekten en stengelrot, vuur, echte en valse meeldauw en roestziekte vermelden, bij het schadelijk ongedierte komen bladluizen, wantsen, stengelalen, mijten en slakken het vaakst voor. Maar ook hazen, konijnen en woelmuizen knagen graag aan wortels en uitlopers.

Als de schade gering is, probeer dan in eerste instantie een milieuvriendelijke methode: snijd de aangetaste plekken weg, verwijder het ongedierte, zet vallen of pas plantenaftreksels toe.

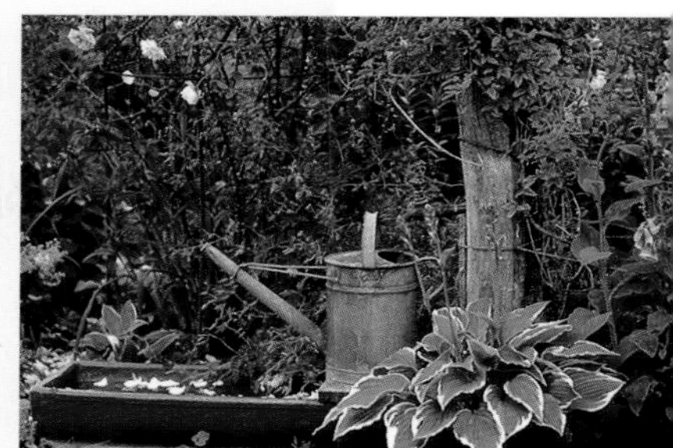

Bij een ernstiger aantasting kunt u in de vakhandel een scala aan preparaten vinden die het milieu en nuttige dieren sparen. Zeer aan te bevelen vanwege hun preventieve, plantversterkende en ongediertewerende werking zijn kruidenpreparaten, die tegenwoordig ook als kant-en-klare preparaten in de handel zijn.

PLANTENAFTREKSELS: Verse of gedroogde plantendelen in water leggen (als richtlijn geldt 1 kilo verse of 200 gram gedroogde kruiden op 10 l water of naar verhouding minder), een dag lang laten weken en dan een half uur laten koken. Het mengsel laten afkoelen in een afgedekte pot, zeven en met water verdunnen (1 deel op 5 delen water), voordat het aangebracht wordt. Gier moet u ongeveer 14 dagen laten gisten, tot het niet meer schuimt, en dagelijks omroeren. Brandnetelgier helpt tegen bladluis, heermoesaftreksel helpt tegen meeldauw, roest en schurft, boerenwormkruidthee helpt tegen bladluis en spintmijt.

HET VERMEERDEREN VAN VASTE PLANTEN

SCHEUREN: Talloze vaste planten kunnen door scheuren moeiteloos en snel vermeerderd worden. En aangezien de meeste na een aantal jaren toch aan een verjongingskuur toe zijn, kunt u dan van de gelegenheid gebruik maken. Vooral wanneer de beplanting te dicht is en de vaste planten bijna niet meer bloeien of van binnen kaal worden, is het de hoogste tijd. Neem de wortelkluit op met een tuinvork en verdeel de kluit met de spade. Vaste planten met fijne vezelwortels kun u beter met de hand delen, vlezige wortelstokken moeten met een scherp mes in kleine stukjes worden gesneden. De dochterplanten mogen niet te klein worden en moeten zo snel mogelijk weer geplant worden. Het beste moment is na de bloei.

ZAAD: Een groot aantal vaste planten laat zich in het voorjaar ook door zaaien vermeerderen. Dit kunt u het beste doen in een zaaibak, die op een plek in de halfschaduw in de tuin wordt gezet en gelijkmatig vochtig gehouden wordt. Een vroege border is ook geschikt. De meeste vaste planten verdragen in dit stadium zelfs lichte vorst. Een tot twee maanden later kunnen de zaailingen verspeend worden. In de herfst, of nog beter in de daarop volgende lente, kunnen ze ter plaatse worden uitgeplant. Zaaien is weliswaar voordelig, maar u heeft wel geduld nodig en de nakomelingen kunnen, in tegenstelling tot de gedeelde dochterplanten, meer of minder verschillen in uiterlijk.

VASTE-PLANTENBORDERS VORM GEVEN

Ondanks het overvloedige aanbod en de vele nieuwigheden is het zaak de vaste-plantenborder harmonisch vorm te geven en niet te overladen. Anders raakt de bodem te zeer uitgemergeld en ligt teleurstelling door slechte groei en weinig bloemen op de loer. Naar de plaatjes van weelderige Engelse vaste-plantenborders kijkt u beter alleen voor inspiratie, want vele soorten zijn hier niet of moeilijk te krijgen of doen het in ons klimaat slechter. Een vooraf gemaakte schets maakt een precieze planning mogelijk en helpt u bij het schatten van het aantal planten. Als vuistregel geldt: 8–12 lage, 6–8 halfhoge, 4–6 hoge vaste planten per m². Dit zijn natuurlijk alleen richtlijnen, aangezien elk type of soort plant verschilt in zijn uitbreidingsdrang.

STRUCTUUR GEVEN: Bomen en struiken vervullen een functie bij het inrichten van de tuin, beschermen tegen weersinvloeden en brengen ook in de winter 'leven' in de vaste-plantenborder. Ze worden het eerst geplant. Aangezien borderplanten meestal geen sterke concurrentie van boomwortels of schaduw verdragen, kunnen als buren beter langzaam groeiende struiken gekozen worden, bijvoorbeeld rozenstruiken. Vaste planten die tegen schaduw kunnen, zoals astilbe, vingerhoedskruid, herfstanemoon of gebroken hartje, zijn bijzonder geschikt voor de overgang tussen bomen en borderplanten. Een hek of muur biedt een goede achtergrond voor een beplanting met vaste planten en geeft niet alleen optisch steun (houd een afstand van 50 cm aan).

HERHALEN EN IN HOOGTE VARIËREN: Als u een soort herhaaldelijk in grotere of kleinere groepen plant, krijgt u een harmonieuze, minder onrustige border. Om te zorgen dat het niet monotoon wordt, kunt u variatie aanbrengen in aantal, afstand en verschillend getinte soorten. Een niveauverschil met een paar hoge structuurplanten, wat meer middelhoge en flink veel lage begeleidende planten zorgt voor afwisseling in de beplanting. Het ziet er niet zo saai uit wanneer ook enkele hoge en halfhoge vaste planten of grassen op de voorgrond staan. Een gelijkmatige trapvorm daarentegen geeft een onnatuurlijk effect. Ten slotte kunt u de border met grootbladige of polvormende vaste planten omlijsten. Een

vlakke beplanting met vaste planten kan met enkele of kleine groepen hogere vaste planten een wat losser effect krijgen.

Structuurplanten plaatsen: Deze indrukwekkende, stevig staande gestalten vallen vaak op door hun bloemenpracht; meestal vormt hun bloeitijd het hoogtepunt van de beplanting met vaste planten. Zij ordenen en bepalen het karakter van de beplanting. Voorbeelden zijn hoge siergrassen, monnikskap, pluimpapaver, ridderspoor, rudbeckia of naald van Cleopatra. Zo'n indrukwekkende vaste plant kan echter ook goed alleen staan, bijvoorbeeld bij de ingang of in de bocht van een weg om deze plek een bijzonder accent te geven. Grootbladige vaste planten als schoenlappersplant, hosta, geitebaard, schout-bijnacht of mammoetblad zijn geschikt als structuurplanten voor schaduwplekken, omdat de grote bladeren hier niet zo snel uitdrogen. Om weelderig te groeien, hebben ze flink veel voedingsstoffen nodig. De hele bloeiperiode zijn ze een sieraad, vaak zelfs tot in de winter. Licht of bont blad, in combinatie met lichte bloemen, brengt licht tot in de donkerste hoeken.

Rekening houden met bloeitijden: Vaste planten hebben in tegenstelling tot zomerbloemen meestal een aanzienlijk kortere bloeitijd, maar vaak zijn ze daarna nog prachtig dankzij hun blad. Met de keuze van uw planten kunt u beslissen of de border het mooist moet bloeien in het voorjaar, in de zomer of in de herfst. Wanneer u goed combineert en in het achterste gedeelte voorjaarsbloeiers zet (zodat de gaten minder opvallen wanneer ze uitgebloeid zijn), in het midden zomerbloeiers en vooraan herfstbloeiers, dan heeft u er het hele jaar plezier van.

KLEUREN AFSTEMMEN: In de border mogen slechts een of twee kleuren dominant zijn en contrasteren met andere tinten. Daarbij maakt het niet uit of de kleur van bloemen of van blad afkomstig is. Het mooiste effect geven grotere groepen van harmoniserende kleuren, bijvoorbeeld geel en rood. Witte en blauwe bloemen vrolijken het geheel dan op. Zorg ervoor, dat deze kleurenpartners ook tegelijkertijd bloeien. Bij vaste-plantenborders in een ton-sur-ton kleurstelling wordt de aandacht geleid naar de vorm van de bloemen. Dit werkt echter alleen wanneer de planten gelijktijdig bloeien. Bij deze variant duurt de bloeitijd meestal maar enkele weken. Als er naast teveel verschillende kleuren ook nog vele bloemvormen bijkomen, geeft dat een onrustig effect. Dit is te omzeilen door verschillend gekleurde soorten van dezelfde plant te gebruiken. Wit heeft een neutraliserend effect, zowel in de vorm van witte bloemen als van wollig blad.

GATEN OPVULLEN: Sterk groeiende zomerbloemen, tweejarige voorjaarsbloeiers of bol- en knolgewassen zijn vaak een welkome 'bladvulling' – hetzij aan het begin van de beplanting, als de afstanden nog groot zijn, hetzij tijdens bloeipauzes die afhankelijk zijn van de seizoenen.

PRAKTISCHE TIPS

Bij grote borders moet u eraan denken dat u kleine paadjes aanlegt, zodat u bij de verzorging niet op de planten gaat staan. Een gazon kan het beste door randstenen van de borderbeplanting worden afgescheiden, zodat het gras niet in de border groeit. Dan bespaart u zich het lastige afsteken van de kanten.

Moeilijke zones in de tuin, bijvoorbeeld zeer droge of schaduwrijke standplaatsen, zijn vaak goed met wilde planten te bevolken. Deze hebben weliswaar meestal kleinere bloemen en een kortere bloeitijd dan de hoge gekweekte sierplanten, maar ze bekoren met hun natuurlijke charme. 'Wild' hoeft trouwens niet noodzakelijk te betekenen dat deze planten bij ons inheems zijn, maar het duidt eerder op hun natuurlijke, niet door kweek bereikte vorm. Wilde planten zijn gevoelig voor overbemesting en dominante buurplanten.

Kale plekken, bijvoorbeeld onder bomen, kunt u uitstekend beplanten met bodembedekkende vaste planten, die zich sterk uitbreiden door uitlopers of rizomen. Ze gaan op natuurlijke wijze de groei van onkruid tegen en beschermen de bodem tegen uitdroging. Voor de schaduw zijn onder andere maagdenpalm of hosta's geschikt, in de zon vormen kattekruid en tijm fraaie bloementapijten.

Dit kleine lexicon kan niet de gehele verscheidenheid van de vaste-plantenwereld weergeven, maar het biedt een selectie uit het in de handel verkrijgbare assortiment. De volgende aanwijzingen helpen u om moeiteloos uw weg te vinden: de planten worden op alfabetische volgorde van hun botanische namen opgenoemd. Kruisingen tussen soorten zijn te herkennen aan een x voor de soortnaam of aan de aanduiding hybride. In de regel daaronder vindt u de meest gangbare Nederlandse benaming. Als er in de volksmond nog meer namen zijn, dan staan deze in de tekst. 'Cultivar-namen' staan tussen enkele aanhalingstekens.

De symbolen in het kader naast de tekst tonen u in een oogopslag de belangrijkste eigenschappen van elke plant. Ze hebben de volgende betekenis:

Standplaats:
- *Zon*
- *Halfschaduw*
- *Schaduw*

Toepassing:
- **B** *Border en borderrand*
- **F** *Vrije ruimte*
- **S** *Rotstuin*
- **G** *Bos/Bosrand*
- **W** *Water/Waterkant*

Eigenschappen:
- *Bodembedekker*
- *Kuipplant*
- *Geurende plant*
- *Snijbloem*
- *Winterbescherming*
- **!** *Giftig en/of kan een allergische reactie opwekken*

Sommige van de genoemde planten zijn giftig of kunnen bij mensen die daar gevoelig voor zijn, allergische reacties opwekken. Houd er rekening mee dat kinderen vaak worden aangetrokken door de vaak fraai gekleurde bloemen en vruchten van giftige planten. Let daarom op de aanwijzingen bij elke beschrijving. In geval van twijfel kunt u beter afzien van het planten.

Acaena buchananii
Stekelnoot

Standplaats:

☼

Toepassing:

F S

Eigenschappen:

FAMILIE: Rozenfamilie *(Rosaceae)*

HERKOMST: het blauwgroene stekelnootje, zoals de soort ook wel genoemd wordt, komt voor in Nieuw-Zeeland.

GROEI: 5–10 cm hoog; de plant breidt zich door uitlopers met matige groeikracht uit tot een tapijt.

BLAD EN BLOEMEN: rond, getand, ongepaard geveerd, net als rozen; aan de boven- en onderkant zilvergroen tot grijsgroen, groenblijvend. Bolronde, onopvallende bloemhoofdjes met groene tot gele stekels. Bloeitijd juni tot juli.

STANDPLAATS: zonnig, warm; een lichte, zandige, zelfs droge bodem, deze vaste plant verdraagt geen permanente nattigheid.

TOEPASSING: groenblijvende bodembedekker, die geschikt is voor kleinere en grotere oppervlakten (10–20 planten of meer), voor rotstuinen, voor het beplanten van graven en voor daktuinen. Bolgewassen en grassen vrolijken het plantentapijt fraai op.

Verzorgingstip: de plant heeft nauwelijks verzorging nodig. Indien hij zich te weelderig uitbreidt, kunt u hem eenvoudig terugsnoeien. De plant verdraagt periodes van droogte, maar in zeer koude gebieden moet hij 's winters afgedekt worden.

Vermeerdering: in het voorjaar of na de bloei delen; zaaien kan vanaf de herfst, het liefst in potten, die vorstvrij staan. Aan het eind van de lente kunt u kruidachtige stekken afsnijden of takken die al wortels hebben verwijderen en planten.

Bijzondere eigenschappen: na de bloei worden opvallende rode tot roodbruine, kogelronde, stekelige vruchten gevormd, waar de plant zijn naam aan te danken heeft.

Andere soorten: *A. microphylla* onderscheidt zich door olijfgroen tot bruin blad. De cultivar 'Kupferteppich' is eleganter dan de soort en bekoort door zijn bruinrode blad.

Acanthus hungaricus
Acanthus

Standplaats:

Toepassing:

B S F

Eigenschappen:

FAMILIE: Acanthusachtigen *(Acanthaceae)*

HERKOMST: de acanthus, die ook bekend is onder de namen *A. longifolius of A. balcanicus*, is afkomstig van het Balkan-schiereiland.

GROEI: tot 100 cm hoog; bossig opgaand, vormt uitlopers, sterke groei.

BLAD EN BLOEMEN: tot 35 cm lang, diep ingesneden, met grote sierwaarde; donkergroen. De witte of felroze, lipvormige bloemen en de roze tot purper gekleurde schutbladen zitten aan 60–70 cm lange bloemtrossen. Bloeitijd van juli tot augustus.

STANDPLAATS: zonnig en warm; doorlatende, matig droge, voedselrijke bodem zonder wateroverlast.

TOEPASSING: deze indrukwekkende wilde plant is geschikt voor borders en bloemranden, voor rotstuinen en rotsborders. Ook op een zonnige plaats voor een donkere achtergrond komt de fraaie vorm, als solitair of in kleine groepen, goed tot zijn recht. Hij is ook geschikt voor kuipen of als snijbloem.

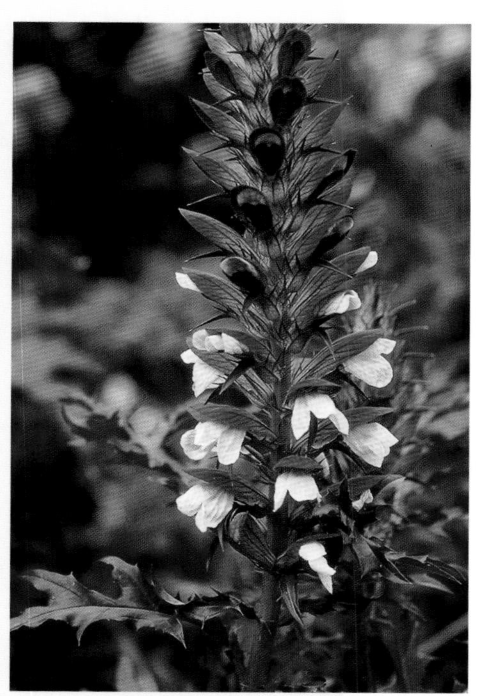

VERZORGINGSTIP: in de winter of het voorjaar tot op de grond terugsnoeien, de wortelstok ter bescherming afdekken. Kuipplanten kunnen bijzonder slecht tegen de kou.

VERMEERDERING: in de herfst of het voorjaar delen, in koude gebieden bij voorkeur het laatste. Dan bloeien de planten echter pas weer in het daaropvolgende jaar. Soorten kunnen in het voorjaar gezaaid worden of door wortelstek vermeerderd.

HISTORIE: de oude Grieken vereeuwigden het sierlijke blad al op hun stenen zuilen.

ANDERE SOORTEN: de cultivars uit de *Acanthus Spinosissimus*-groep vallen op door hun gestekeld, witgerand blad.

Achillea filipendulina
Geel duizendblad

Standplaats:
☼

Toepassing:
B F

Eigenschappen:
✂ !

FAMILIE: Samengesteldbloemigen *(Asteraceae)*

HERKOMST: Kaukasus, Oriënt; de cultivars zijn vaak ontstaan uit kruisingen van verschillende soorten.

GROEI: 80–100 cm hoog; bossig opgaand.

BLAD EN BLOEMEN: zacht, grijsgroen geveerd blad dat een aromatische, kamferachtige geur verspreidt. De vele goudgele enkele bloemen zitten in grote bloemschermen. Bloeitijd afhankelijk van de cultivar van juni tot november.

STANDPLAATS: zonnig, met een humusrijke, voedselrijke bodem. Wateroverlast moet vooral in de winter vermeden worden. een fraai gekleurde, sterke langbloeier voor borders en borderranden, die zeer geschikt is als snij- en droogbloem. Zowel solitair als in groepen zeer fraai. Goed te combineren met blauwe of violet bloeiende vaste planten zoals monnikskap, ridderspoor, hoge borderflox of verschillende salvia's. Een typische plant voor de boerentuin, geliefd bij bijen.

VERZORGINGSTIP: snijbloemen blijven bijzonder lang goed, wanneer ze direct na het ontluiken afgesneden worden. Snoeien na de bloei bevordert een tweede bloei in de herfst.

VERMEERDERING: in het voorjaar, maar ook in de herfst na de bloei, kunnen de planten gedeeld worden. Daardoor blijft ook hun bloeikracht behouden. Zaaien is mogelijk in de herfst of het voorjaar, direct ter plaatse.

BIJZONDERE EIGENSCHAPPEN: kan bij aanraking een allergische reactie teweegbrengen.

AANBEVOLEN CULTIVARS: 'Parker' (120 cm) bloeit goudgeel, 'Coronation Gold' (80 cm) is een bekende hybride met goudgele stralende bloemen tot in november; 'Feuerland' bloeit stralend rood. Het zijn allemaal mooie snij- en droogbloemen.

Achillea millefolium
Duizendblad

Standplaats: ☼

Toepassing: **B F**

Eigenschappen: ✂ !

FAMILIE: Samengesteldbloemigen *(Asteraceae)*

HERKOMST: inheems van Europa tot in Siberië en Azië; in Noord-Amerika, Australië en Nieuw-Zeeland ingeburgerd.

GROEI: afhankelijk van de cultivar 50–80 cm hoog; bossig opgaand.

BLAD EN BLOEMEN: teer, frisgroen, langwerpig, geveerd blad verspreidt de typische duizendbladgeur. De witte bloemen met een roodachtig waas bevinden zich in schermvormige tuilen. De soort heeft zijn bijnaam 'purperduizendblad' te danken aan de bloemkleur. De vrolijk gekleurde cultivars zijn er in verschillende kleuren van geel tot karmijnrood. De bloeitijd loopt van juni tot september of, afhankelijk van het klimaat, tot in oktober.

STANDPLAATS: deze zonaanbidder groeit het beste op een droge, voedselrijke bodem zonder wateroverlast.

TOEPASSING: een aantrekkelijke bloeiende vaste plant voor open borders en borderranden, die zeer geschikt is als snij- en droogbloem. Hij laat zich uitstekend met andere vaste planten combineren, bijvoorbeeld met campanula of salvia. Geliefd bij bijen.

VERZORGINGSTIP: na de bloei moet de plant krachtig teruggesnoeid worden en loopt dan snel weer uit.

VERMEERDERING: in het voorjaar, maar ook in de herfst na de bloei, kunnen de planten gedeeld worden. Daardoor blijft ook hun bloeikracht behouden. Zaaien is mogelijk in de herfst of het voorjaar, direct ter plaatse.

BIJZONDERE EIGENSCHAPPEN: door het hoge gehalte aan etherische oliën en bitterstoffen wordt het duizendblad als bloedstelpende en desinfecterende geneeskundige plant gebruikt. Hij kan bij aanraking een allergische reactie teweegbrengen.

AANBEVOLEN CULTIVARS: 'Crimson Beauty' en 'Fanal' bloeien helderrood, 'Lilac Beauty' bloeit lila (alle 60 cm). 'Sammetriese' met zijn fluweelrode bloemen wordt ongeveer 80 cm hoog.

Aconitum carmichaelii 'Arendsii'

Monnikskap

Standplaats:

Toepassing:

B G

Eigenschappen:

✂ **!**

FAMILIE: Ranonkelachtigen *(Ranunculaceae)*

HERKOMST: uit kweek. De echte soort is inheems in Midden-China; de cultivar is ook bekend onder de naam *A. x arendsii.*

GROEI: tot 110 cm hoog; dichte pollen met stevige, recht opgaande bloemstengels.

BLAD EN BLOEMEN: groot, diep handvormig ingesneden, donkergroen. Reusachtige, donkerblauw-violette bloemtrossen tronen aan het uiteinde van de stengels. Bloeitijd september tot november.

STANDPLAATS: het liefst in de halfschaduw, maar ook een plaats in de zon of in de volle schaduw is mogelijk; een vochtige, humusrijke bodem, waarbij de wortels steeds in de schaduw moeten zijn. Bij wateroverlast krijgt de plant snel last van verwelkingsziekten.

TOEPASSING: een buitengewone kleurentopper voor beschaduwde, koele zones. Daar houden andere 'lichtschuwe' planten als varens, anemonen, astilbes, lelies of kleine naaldbo-

men de monnikskap graag gezelschap. Deze houdbare snijbloem komt zowel alleen als in kleine groepen goed tot zijn recht.

VERZORGINGSTIP: na de bloei moet de vaste plant tot ongeveer handhoogte worden teruggesnoeid.

VERMEERDERING: deze stevige plant breidt zich uit door rizomen, die vroeg in het voorjaar gedeeld kunnen worden.

BIJZONDERE EIGENSCHAPPEN: bij hommels is de monnikskap zeer geliefd, voor mensen en zoogdieren is hij echter zeer giftig. Na iedere aanraking met de plant moeten de handen gewassen worden!

ANDERE SOORTEN: *A. x cammarum* is een betrouwbare bloeier, diep violetblauw, de cultivar 'Bicolor' bloeit blauw met wit.

Ajuga reptans
Kruipend zenegroen

Standplaats:

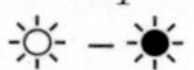

Toepassing:

G W F

Eigenschappen:

FAMILIE: Lipbloemigen *(Lamiaceae)*

HERKOMST: het kruipend zenegroen is inheems in Europa en komt zowel in Klein-Azië als in Noord-Afrika voor.

GROEI: 15–20 cm hoog; sterk groeiend, breidt zich uit door uitlopers en vormt zo tapijten.

BLAD EN BLOEMEN: spatelvormig; de bladeren van de soort zijn bruinrood met een metalige glans. De cultivars variëren in kleur van blad en bloemen. Kleine, spiraalvormig in lange bloemstengels gerangschikte schijfbloemen; paarsblauw, veel cultivars ook wit. Bloeitijd van april tot mei.

STANDPLAATS: voor lichte (niet in de volle zon) tot schaduwrijke zones met een humusrijke, vochtige bodem.

TOEPASSING: deze groenblijvende bodembedekker gedijt tussen en voor bomen, maar ook aan de vijverrand. Het is een geschikte plant voor het laten begroeien van vrije ruimtes. Gelijktijdig geplante vaste planten, zoals penningkruid, varens of grassen, vormen een goede aanvulling.

VERZORGINGSTIP: de plant heeft veel ruimte nodig, omdat hij sterk woekert. Blad dat in de herfst afvalt mag blijven liggen, aangezien het verandert in een welkome humuslaag.

VERMEERDERING: vroeg in de herfst of in het voorjaar kunt u eenvoudig kleine rozetten uit het plantendek losmaken. Cultivars behouden alleen door delen hun kleur.

BIJZONDERE EIGENSCHAPPEN: het groenblijvende plantendek biedt in de winter bescherming aan kleine dieren. De bloemen zijn een geliefde bron van nectar.

AANBEVOLEN CULTIVARS: 'Atropurpurea' heeft rood blad en blauwe bloemen. Het blad van 'Burgundy Glow' is lila-paars met wit, het blad van 'Rainbow' roomwit, rood en groen gevlekt. 'Naumburg' en 'Schneesturm' bloeien wit.

Alcea rosea
Stokroos

Standplaats:
☼

Toepassing:
B

Eigenschappen:
✂

FAMILIE: Kaasjeskruidachtigen *(Malvaceae)*

HERKOMST: de Chinese of gewone stokroos is in Europa inheems en komt overal ter wereld voor.

GROEI: tot 180 cm hoog; krachtig opgaand, bossig.

BLAD EN BLOEMEN: groot, hartvormig, gelobd; dofgroen. Afhankelijk van de cultivar, bloemen met roze, rode of witte tinten, enkelvoudig of gevuldbloemig. Bloeitijd van juli tot september.

STANDPLAATS: zonnig en warm; een voedselrijke, goed doorlatende bodem.

TOEPASSING: een indrukwekkende plant, zowel alleen als in groepen voor borders en borderranden, langs muren en hekken of bij de ingang van het huis, waar hij zorgt voor landelijke charme. Ook geschikt als snijbloem. Monnikskappen of hoge floxen zijn gelijkwaardige metgezellen.

VERZORGINGSTIP: bemesten in het voorjaar bevordert groei en bloei. Aangezien de planten heel hoog worden, zijn ze

dankbaar voor wat steun. Terugsnoeien voordat de plant zaad gaat vormen, of na de bloei in de winter, wanneer u de zaadjes wil oogsten.

VERMEERDERING: deze vaste plant wordt meestal als een- of tweejarige gekweekt. Hij kan in het voorjaar of in de zomer gezaaid worden, enkele weken later moet u de jonge planten in potjes verspenen en in het volgende voorjaar kunnen ze op hun uiteindelijke standplaats geplant worden.

AANBEVOLEN CULTIVARS: 'Nigra', bekoort door zijn enkele zwartrode bloemen, 'Pleniflora' heeft gevulde bloemen in verschillende kleuren.

ANDERE SOORTEN: *A. ficifolia* blijft beter over dan *A. rosea* en is vaak verkrijgbaar als kleurenmengsel.

Alchemilla mollis
Vrouwenmantel

Standplaats:
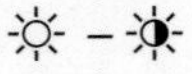

Toepassing:
B F G W

Eigenschappen:

FAMILIE: Rozenfamilie *(Rosaceae)*

HERKOMST: vrouwenmantel is inheems in de Kaukasus en in de Karpaten.

GROEI: 40–50 cm hoog; bossige, halfronde vorm, breidt zich sterk uit.

BLAD EN BLOEMEN: rondachtig, enigszins gelobd, zacht behaard, zeer decoratief; dofgroen tot grijsachtig groen. De kleine, groengele enkele bloemen bevinden zich in grote aantallen in losse pluimen, die eruitzien als tere bloemsluiers. Bloeitijd juni tot juli.

STANDPLAATS: zon of halfschaduw; losse, leemhoudende, voldoende vochtige bodem.

TOEPASSING: ideaal voor borderranden, voor bomen of aan de rand van de vijver. Ook geschikt als hoge bodembedekker of als decoratie in boeketten. Ze kunnen alleen of in kleine groepjes (maximaal 10 stuks) geplant worden; ze laten zich goed combineren met schoenlappersplanten, breedbladig klokje, hoge primula's of hoge sierui.

VERZORGINGSTIP: de plant blijft in vorm wanneer hij na de bloei tot vlak boven de grond wordt teruggesnoeid. Dat voorkomt ook, dat hij zich te zeer uitzaait. Verder is het een plant die weinig eisen stelt en zelfs bestand is tegen vallend herfstblad.

VERMEERDERING: in het voorjaar of de herfst delen of door zaaien vermeerderen.

BIJZONDERE EIGENSCHAPPEN: de plant scheidt aan de bladrand 'dauwdruppels' af, die in de zon prachtig glinsteren. Geliefde bron van nectar voor insecten.

ANDERE SOORTEN: *A. erythropoda* blijft met een hoogte van 10 cm duidelijk kleiner. De soort is een ideale bodembedekker voor zowel zonnige als schaduwachtige zones en groeit zelfs goed op droge grond.

Allium christophii
Sterrenlook

Standplaats:
☼

Toepassing:
B F S

Eigenschappen:

FAMILIE: Lookachtigen *(Alliaceae)*

HERKOMST: de 'Ster van Perzië', zoals het bolgewas ook wel genoemd wordt, komt oorspronkelijk uit Iran.

GROEI: 50 cm hoog; de bol krijgt alleen een rechte, ronde bloeiwijze.

BLAD EN BLOEMEN: lancetvormig, puntig uitlopend, tot 40 cm lang; blauwgroen. De paarsroze, licht metaalachtig glanzende, stervormige bloemen zitten in grote, bolvormige bloemschermen, die een doorsnede van wel 20 cm kunnen bereiken. Bloeitijd juni tot juli.

STANDPLAATS: zonnig en warm; de grond moet voedselrijk, goed doorlatend en liever droog dan nat zijn.

TOEPASSING: de decoratieve bloemhoofden staan goed in borders en borderranden of in de rotstuin. De plant is mooi als snijbloem, de bloeiwijzen zijn bijzonder geschikt om te drogen. Bolgewassen houden van gezelligheid. Stekelnootjes, sedum of grassoorten zoals blauw schapegras staan er leuk bij.

VERZORGINGSTIP: nadat het blad afgestorven is, kunt u de bovengrondse delen van de plant tot op de grond terugsnoeien.

VERMEERDERING: vroeg in het voorjaar bollen planten of zaaien

BIJZONDERE EIGENSCHAPPEN: de gehele plant ruikt naar ui. Aangezien het loof al tijdens de bloeitijd geel wordt, kunt u de bolgewassen het beste tussen andere vaste planten zetten.

ANDERE SOORTEN: *A. aflatuense* is ook zeer fraai met kogelronde, paarsroze bloemschermen, reuzenlook *(A. giganteum)* kan wel 180 cm hoog worden. Daarnaast zijn er ook kleinere vertegenwoordigers, bijvoorbeeld het met gele, schermvormige bloemen bloeiende goudlook *(A. moly)*, dat gemakkelijk verwildert, of het bekende bieslook *(A. schoenoprasum)*.

Anemone blanda

Blauwe anemoon

Standplaats:

Toepassing:

G S

Eigenschappen:

FAMILIE: Ranonkelachtigen *(Ranunculaceae)*

HERKOMST: deze anemoon komt oorspronkelijk uit het Balkangebied naast het oostelijke Middellandse-Zeegebied en Klein-Azië.

GROEI: 10–15 cm hoog; de plant breidt zich sterk uit en vormt daarbij dichte tapijten.

BLAD EN BLOEMEN: drietallig, diep ingesneden, getand blad, sterft na de bloei af; donkergroen. De smalle straalbloemen zitten in een stervorm rond het hart van de bloem. Ze zijn verkrijgbaar in roze en rode tinten, blauw of wit. Bloeitijd maart tot april.

STANDPLAATS: halfschaduw; losse, humusrijke, matig vochtige tot droge bodem.

TOEPASSING: de plant groeit het liefst onder zomergroene loofbomen, die in de lente nog voldoende licht doorlaten. Hij verfraait plekken op het noorden met weinig zon of plekken van de rotstuin in de halfschaduw. Is het meest effectief in grotere groepen en ook geschikt voor bakken en kuipen.

Vermeerdering: de knolachtige wortels kunt u in de rustperiode, dus na het afsterven van het blad, delen. In de zomer kan de plant gezaaid worden.

Aanbevolen cultivars: 'Atrocoerulea' bloeit donkerblauw, 'Blue Star' lichtblauw, 'Charmer' dieproze, 'Radar' magentaroze met een wit hart, 'Violett Star' violet met een wit hart. De grote witte bloemen van 'White Splendour' hebben een zachtroze onderkant.

Andere soorten: *A. nemorosa*, de inheemse bosanemoon, is geschikt als bodembedekker voor plekken in de schaduw (de soort bloeit wit, cultivars lichtblauw tot blauwpaars).

Anemone hupehensis var. *japonica 'Pamina'*
Herfstanemoon

Standplaats:

Toepassing:

B G

Eigenschappen:

⚠

FAMILIE: Ranonkelachtigen *(Ranunculaceae)*

HERKOMST: uit kweek. De soort (syn. *A. japonica*) is afkomstig uit Japan en Zuid-China.

GROEI: 60–80 cm hoog; bossig, compact, breidt zich langzaam uit door uitlopers.

BLAD EN BLOEMEN: rond tot ovaal, diep ingesneden; matgroen. De komvormige, halfgevulde bloemen met een rijke, roze kleur zitten in losse pluimen. Bloeitijd augustus tot oktober.

STANDPLAATS: halfschaduw; humus- en voedselrijke, voldoende vochtige bodem. De plant kan minder goed tegen een natte, koude ondergrond.

TOEPASSING: voor borders en borderranden waar niet zoveel zon komt, voor en tussen bomen, tegen muren op het noorden; als solitair of in kleine groepen. Ze zijn mooi in combinatie met schaduwgrassen en varens, monnikskap, zilverkaars of hosta.

VERZORGINGSTIP: Herfstanemonen gedijen heel goed, als ze afdoende voedingsstoffen en water krijgen. Als u ze in de winter tot op de grond terugsnoeit, moet u de plant afdekken met snoeitakken of rijshout. Over het algemeen is enige bescherming in de winter aan te bevelen. Late vorst kan de jonge loten schaden.

VERMEERDERING: de vezelige wortelstok kan na de bloei of vroeg in het voorjaar gedeeld worden. Vermeerderen door zaaien is wel mogelijk, maar cultivars kunt u het beste op vegetatieve wijze vermeerderen.

BIJZONDERE EIGENSCHAPPEN: vooral in het jaar waarin ze geplant zijn, is het aan te raden de planten tegen de vorst af te dekken.

AANBEVOLEN CULTIVARS: 'Königin Charlotte' (100 cm, zilverroze, halfgevuld), 'Honorine Jobert' (100 cm, enkel, sneeuwwit), 'Rosenschale' (80 cm, roze met een rode rand).

ANDERE SOORTEN: de herfstanemoon 'September Charm' *(A. hupehensis)* bloeit donkerroze.

Antennaria dioica 'Rubra'

Rozenkransje

Standplaats:

☼

Toepassing:

S F

Eigenschappen:

FAMILIE: Samengesteldbloemigen *(Asteraceae)*

HERKOMST: uit kweek. De soort is inheems in Europa en komt voor tot in Azië.

GROEI: 10 cm hoog; de bloemtrossen steken uit het dichte bladertapijt omhoog.

BLAD EN BLOEMEN: smal, spatelvormig; aan de bovenkant groen, aan de onderkant zilverachtig en viltachtig behaard. De karmijnrode bloemhoofdjes zijn gerangschikt in schijnaren, die op kleine kattenpootjes lijken. Bloeitijd van mei tot juli.

STANDPLAATS: zonnig en warm; zandige, goed doorlatende, schrale grond, die ook kalkarm kan zijn.

TOEPASSING: een bescheiden vaste plant voor zonnige, droge plaatsen in de tuin, vooral voor rotstuinen, spleten in de muur of heideachtige vrije ruimten. Geschikt voor grafbeplanting of als omlijsting en berm. Als bodembedekker vormt de plant dichte tapijten met zilverkleurig blad en kan hij goed staan naast andere planten zoals tijm, Engels gras of zonneroosje.

VERMEERDERING: het gemakkelijkst kunt u na de bloei of vroeg in het voorjaar de plant delen of wortelscheuten losscheuren. De soort kan ook gezaaid worden.

BIJZONDERE EIGENSCHAPPEN: de bloemhoofdjes trekken op magische wijze vlinders aan, gedroogd zijn ze een duurzame decoratie voor boeketten.

AANBEVOLEN CULTIVARS: 'Nyewoods' heeft dieproze bloemhoofdjes.

ANDERE SOORTEN: *A. dioica* var. *borealis* (Syn. *A. tomentosa*) met wollig zilverachtig blad en witte bloemen.

Aquilegia vulgaris
Akelei

Standplaats:

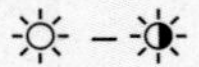

Toepassing:

B G

Eigenschappen:

✂ **!**

FAMILIE: Ranonkelachtigen *(Ranunculaceae)*

HERKOMST: de gewone akelei is inheems in Europa, de in het wild voorkomende vorm is zelfs een beschermde plant.

GROEI: 60 cm hoog; opgaand, los polvormig.

BLAD EN BLOEMEN: diep ingesneden, meervoudig gedeeld, aan de onderzijde behaard; middengroen, aan de onderzijde grijsgroen. De stervormige bloemen met hun korte sporen zijn geschikt in eindstandige trossen; de soort bloeit blauw, cultivars zijn er in wit, roze tot rood of dieppaars, ook gevuld en zonder sporen. Bloeitijd mei tot juni.

STANDPLAATS: de soorten staan het liefst in de halfschaduw, de hybriden groeien ook goed in de zon. Een humusrijke, voedselrijke, niet te natte bodem is belangrijk.

TOEPASSING: voor bonte vaste-plantenborders en borderranden, voor en tussen losse boomgroepen, ook als snijbloem. Kleine groepen hebben het mooiste effect.

VERZORGINGSTIP: terugsnoeien na de bloei verlengt de levensduur.

VERMEERDERING: na de bloei uitzaaien (soorten zaaien zich vaak spontaan zelf uit). Cultivars in het voorjaar of na de bloei delen.

BIJZONDERE EIGENSCHAPPEN: de plant trekt door de vorm van zijn bloemen hommels aan. Voor mensen is hij licht giftig omdat hij blauwzuur bevat.

AANBEVOLEN CULTIVARS: 'Black Barlow' (dieppaars), 'Nivea' (wit) en 'Nora Barlow' (roze en groen) hebben opvallende, gevulde bloemen.

ANDERE SOORTEN: *A.-Caerulea* 'Crimson Star' heeft rood met witte bloemen met witte klokjes, de hybriden 'Mc Kana Hybrids' zijn er in veel kleuren. De cultivars van *A. flabellata*, bijvoorbeeld 'Ministar' met blauwwitte bloemen, zijn daarentegen maar ongeveer 20 cm hoog. Ze zijn geschikt voor de rotstuin, voor plantenbakken en voor graven.

Armeria maritima 'Düsseldorfer Stolz'

Engels gras

Standplaats:

Toepassing:

S F

Eigenschappen:

FAMILIE: Strandkruidfamilie *(Plumbaginaceae)*

HERKOMST: uit kweek. De soort komt voor in de kuststreken van Noord-Europa tot in Rusland, Alaska en Zuid-Amerika.

GROEI: 20 cm hoog; uit de dichte, halfronde zoden steken opgaande bloemstengels omhoog.

BLAD EN BLOEMEN: grasachtige, riemvormige blaadjes in dichte rozetten; donkergroen, ook in de winter. Kleine bekervormige bloempjes van een diep karmijnrode kleur vormen halfronde hoofdjes. Bloeitijd mei tot juli, bloeit vaak nog langer.

STANDPLAATS: zonnig; zandige, goed doorlatende, ook stenige bodem, die zuur tot neutraal mag zijn. De plant kan beter tegen droogte dan tegen water(overlast).

TOEPASSING: een stevige, weinig zorg vereisende vaste plant voor de rotstuin in de volle zon, waar hij ook in muren en spleten groeit. Hij is geschikt voor de heidetuin, voor vrije, zonnige bermen of als omlijsting. Planten die er mooi bij combineren zijn alpenasters, rozenkransjes, grasanjers of tijm. De vaste plant doet het ook goed in plantenbakken, zijn bloemen passen goed in miniatuur boeketten.

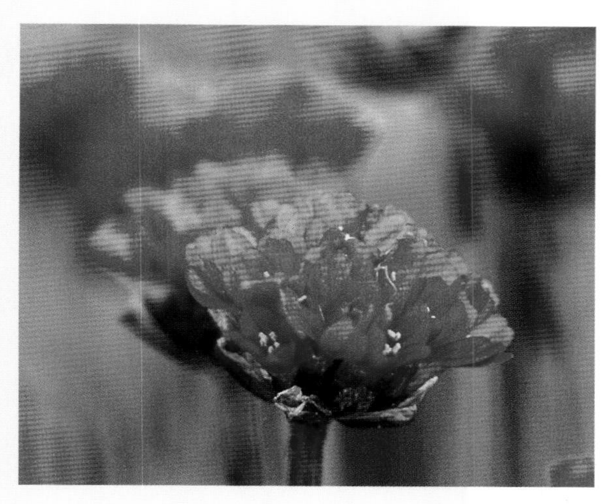

VERMEERDERING: van de nazomer tot de herfst, maar ook in het voorjaar kunt u deze planten eenvoudig delen.

BIJZONDERE EIGENSCHAPPEN: de soort is een beschermde plant, aangezien hij een nestplaats voor waadvogels vormt. Hij is een rijke bron van nectar voor insecten.

AANBEVOLEN CULTIVARS: 'Alba' bloeit wit, 'Rotfeuer' stralend rood.

ANDERE SOORTEN: *A. juniperifolia*, slechts 5 cm hoog, is ideaal voor rotstuinen en plantenbakken. De soort bloeit roze, de cultivar 'Alba' wit.

Artemisia 'Oriental Limelight'
Bijvoet

Standplaats:

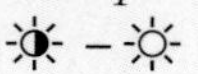

Toepassing:

B F

Eigenschappen:

FAMILIE: Samengesteldbloemigen *(Asteraceae)*

HERKOMST: uit kweek. De cultivar is een hybride van de gewone bijvoet *(A. vulgaris)*, die in Europa inheems is.

GROEI: ongeveer 10–15 cm hoog; bossig, goed vertakt.

BLAD EN BLOEMEN: meervoudig geveerd, groenblijvend; met een geel-groene tekening.

STANDPLAATS: halfschaduw prefereert hij boven volle zon; doorlatende, matig droge bodem.

TOEPASSING: aantrekkelijke plant om zijn blad voor borders en plantenbakken. Met zijn bonte blad is hij een goede begeleider van vele bloeiende planten. De vrolijk gekleurde bebladerde stengels zijn een mooie aanvulling op boeketten.

VERZORGINGSTIP: stengels die tijdens de zomer te lang zijn geworden en de plant een vormloos uiterlijk geven, kunt u eenvoudig terugsnoeien.

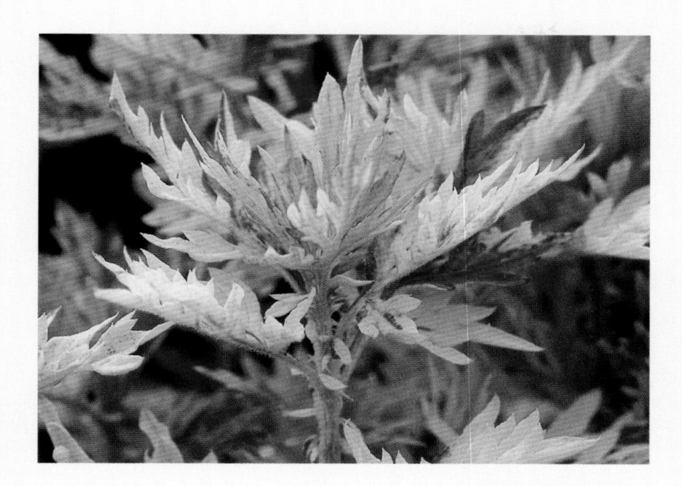

VERMEERDERING: cultivars kunnen alleen vegetatief vermeerderd worden, ofwel door delen in het voorjaar of in de herfst, ofwel door stekken in de nazomer of het voorjaar.

BIJZONDERE EIGENSCHAPPEN: de vaste plant hoort bij de 'Proven Winners', de beste cultivars van een bond van sierplantenkwekers uit de hele wereld. In een mild klimaat is hij groenblijvend.

ANDERE SOORTEN: *A. absinthium* 'Lambrook Silver', *A. arborescens* 'Powis Castle' en A. ludoviciana 'Silver Queen' zijn vanwege hun fijne zilverkleurige blad zeer geliefde structuurplanten (70–100 cm hoog). *A. schmidtiana* 'Nana' vormt een bladtapijt van maar 25 cm hoogte en is ook geschikt voor de rotstuin (al deze planten houden van zon en een zandige, droge bodem).

Aruncus dioicus
Geitenbaard

Standplaats:

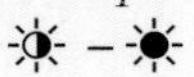

Toepassing:

G B

Eigenschappen:

✂ **!**

FAMILIE: Rozenfamilie *(Rosaceae)*

HERKOMST: de in Europa inheemse, beschermde geitenbaard komt ook voor in Oost-Azië en Noord-Amerika.

GROEI: tot 180 cm hoog; opgaand, bossig, flink vertakt.

BLAD EN BLOEMEN: groot, tot 100 cm lang, meervoudig geveerd; middengroen. De plant is tweehuizig, dat wil zeggen dat er planten zijn met mannelijke, roomwitte bloemen en met vrouwelijke, zuiver witte bloemen. De bloemenpluimen van de mannelijke planten zijn veel indrukwekkender dan de vrouwelijke en worden tot 50 cm lang. Bloeitijd van juni tot juli.

STANDPLAATS: halfschaduw tot schaduw; humus- en voedselrijke, vochtige bodem.

TOEPASSING: deze decoratieve bosplant groeit onder hoge bomen en is geschikt voor schaduwrijke borders en borderranden. Voor groenblijvende naaldbomen komt hij bijzonder mooi uit. Hij kan zowel solitair als in groepen staan, is bijvoorbeeld goed te combineren met astilbes, monnikskap, vingerhoedskruid, hoge campanula, hosta's of varens. De bloemenpluimen staan prachtig in een vaas.

VERZORGINGSTIP: aangezien de bruin geworden bloeiwijze ook nog in de herfst en in de winter aantrekkelijk is, wordt de plant pas in het voorjaar tot op de grond teruggesnoeid.

VERMEERDERING: delen en zaaien van de late winter tot het vroege voorjaar. De plant zaait zich gemakkelijk uit.

BIJZONDERE EIGENSCHAPPEN: de bladeren zijn zwak giftig (blauwzuur).

AANBEVOLEN CULTIVARS: 'Kneiffii' bloeit roomwit en is met zijn 70 cm ook geschikt voor kleinere tuinen of kuipen.

Arundo donax 'Variegata'
Pijlriet

Standplaats:
☼

Toepassing:
W F

Eigenschappen:
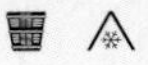

FAMILIE: Grassenfamilie *(Poaceae)*

HERKOMST: uit kweek. De wilde vorm komt waarschijnlijk uit Centraal-Azië, maar de plant komt voor van de Oriënt via het Middellandse-Zeegebied tot aan Zuid-Europa.

GROEI: tot 200 cm hoog, in warme gebieden hoger, de soort wordt 300–350 cm hoog; opgaand, rietachtig, krachtige stengels, breidt zich uit door kruipende rizomen.

BLAD EN BLOEMEN: lang, lancetvormig, net als bamboe, gebogen overhangend, wit gestreept (vandaar dat hij ook 'gestreept pijlriet' wordt genoemd), bij de soort dof grijsgroen. De veerachtige bloemenpluimen verschijnen niet in koude gebieden zoals Nederland.

STANDPLAATS: zonnig en warm; voedselrijke, vochtige bodem.

TOEPASSING: deze imposante solitairplant is uiterst geschikt voor de rand van een vijver, kan echter ook snel kale, op het zuiden gelegen muren bedekken. Met zijn indrukwekkende gestalte zet hij de toon en is hij een bijzondere plant voor

elke (grote) tuin. De bontbladige vorm, die gevoelig is voor vorst, is ook geschikt als kuipplant in een koele wintertuin.

VERZORGINGSTIP: de plant, die behoefte heeft aan warmte, moet in de winter beschermd worden tegen de vorst; dat wil zeggen samenbinden en met bamboematten, rijshout of iets dergelijks afdekken. Kuipplanten koel en vorstvrij laten overwinteren. Pas in het voorjaar vindt de snoei plaats, waarna de plant bemest wordt.

VERMEERDERING: van het voorjaar tot vroeg in de zomer de rizomen uit elkaar halen.

AANBEVOLEN CULTIVARS: 'Variegata Superba' wordt maximaal 100 cm hoog en groeit onbegrensd in de breedte.

Aster alpinus
Alpenaster

Standplaats:
☼ – ◑

Toepassing:
S F

Eigenschappen:
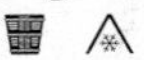

FAMILIE: Samengesteldbloemigen *(Asteraceae)*

HERKOMST: de asters die afkomstig zijn uit de Europese Alpen komen ook in de gebergten van Azië en Noord-Amerika voor. De wilde vorm is een beschermde plant.

GROEI: 20–25 cm hoog; bossig, compacte zoden.

BLAD EN BLOEMEN: langwerpig tot smal spatelvormig; middengroen. De soort heeft witte bloemen, de cultivars ook paarse en roze. De straalbloemen zijn wielvormig om de meestal gele schijfbloemen in het hart geschikt. Bloeitijd mei tot juni.

STANDPLAATS: houdt van een zonnige plek, maar kan ook in de halfschaduw; doorlatende, maar niet te droge, kalkhoudende, ook rotsachtige bodem.

TOEPASSING: de compacte vaste plant is ideaal voor rotstuinen, droge muurtjes, omlijstingen en grotere plantenbakken. Hij kan alleen of in kleinere groepjes geplant worden.

VERZORGINGSTIP: de alpenaster verdraagt weliswaar een plek in de halfschaduw, maar staat liever in de zon. Om de bloeikracht te behouden: ongeveer elke drie jaar delen, in de naherfst snoeien en mulchen. Indien nodig in het voorjaar wat kalk toevoegen aan de grond.

VERMEERDERING: delen in het vroege voorjaar of na de bloei zorgt tegelijkertijd voor een verjonging van de planten.

BIJZONDERE EIGENSCHAPPEN: geliefd als nectarbron, vooral bij vlinders.

AANBEVOLEN CULTIVARS: 'Dunkle Schöne' bloeit krachtig paars met een geel hart, 'Albus' zuiver wit, 'Happy End' roze.

ANDERE SOORTEN: de cultivars van *A. tongolensis* worden ongeveer 40 cm hoog; de bloemen in paarse tinten verschijnen van mei tot juni. *A. amellus*, de bergaster, wordt afhankelijk van de cultivar 50–70 cm hoog en bloeit in de zomer.

Aster novi-belgii

Herfstaster

Standplaats:

Toepassing:

B

Eigenschappen:

FAMILIE: Samengesteldbloemigen *(Asteraceae)*

HERKOMST: de soort is afkomstig uit het noorden van Amerika.

GROEI: 80–150 cm hoog, afhankelijk van de cultivar; opgaand, los bossig, de stengels hebben vaak een roodachtig waas.

BLAD EN BLOEMEN: langwerpig lancetvormig, glad; donkergroen. De enkele tot gevulde bloemen van de cultivars zijn er in roze, rode en blauwe tinten. Bloeitijd is van september tot oktober.

STANDPLAATS: zonnig, houdt van koelte; voedsel- en humusrijke, leemachtige bodem met voldoende vocht.

TOEPASSING: deze hoge vaste planten zijn geschikt voor borders en borderranden, alleen of in kleine groepjes. Het zijn houdbare snijbloemen.

VERZORGINGSTIP: de plant kan er niet tegen als de kluit uitdroogt. Met name de hoge cultivars hebben ondersteuning nodig, zodat ze niet uit elkaar vallen. Oudere, kaal geworden planten kunt u verjongen door deling. Na de snoei in de naherfst mulchen.

VERMEERDERING: delen in het vroege voorjaar of na de bloei.

BIJZONDERE EIGENSCHAPPEN: geliefde bron van nectar.

AANBEVOLEN CULTIVARS: 'Dauerblau' (blauwviolet, lange bloeitijd), 'Karminkuppel (opvallend karmijnrood), 'Bonningdale White' (zuiver wit, halfgevuld).

ANDERE SOORTEN: *A. novae-angliae* en de lagere dwergherfstaster *(A. dumosus)* bloeien eveneens in de herfst.

Astilbe-Japonica-Hybride *'Europa'*
Astilbe

Standplaats:

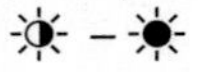

Toepassing:

G B W

Eigenschappen:

FAMILIE: Steenbreekachtigen *(Saxifragaceae)*

HERKOMST: uit kweek. De wilde vorm van de astilbe, die ook wel spirea genoemd wordt, stamt uit Japan.

GROEI: 40–50 cm hoog; bossig, polvormig.

BLAD EN BLOEMEN: handvormig, meervoudig samengesteld; donkergroen. De felroze bloemen vormen grote, veerachtige pluimen. Bloeitijd juni tot juli, vroeger dan de andere soorten.

STANDPLAATS: halfschaduw tot schaduw, bij voldoende (lucht)vochtigheid ook zonniger; voedselrijke, humusrijke, vochtige bodem die niet mag uitdrogen.

TOEPASSING: de bosplant hoort thuis aan de rand van boomgroepen, in schaduwrijke borders en borderranden of aan de rand van een vijver. Kleinere cultivars als 'Europa' kunnen ook in een kuip groeien. Aantrekkelijke snijbloem.

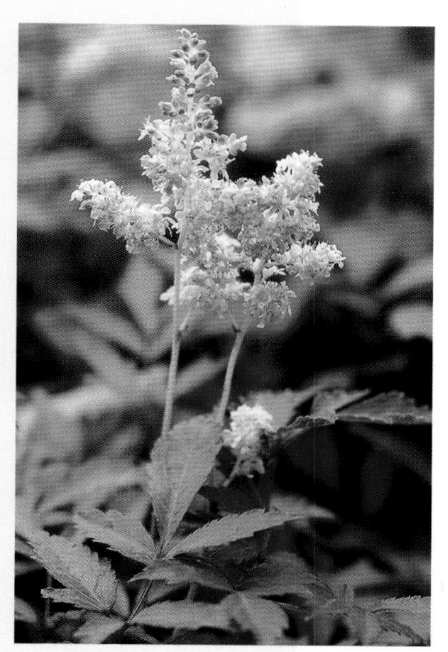

VERZORGINGSTIP: de vaste planten elke drie of vier jaar delen, verhoute rizomen niet opnieuw planten.

VERMEERDERING: delen aan het einde van de winter, in de rustperiode.

BIJZONDERE EIGENSCHAPPEN: de bloemhoofdjes verkleuren tegen de herfst tot bruin en blijven de hele winter aantrekkelijk. Wacht daarom met snoeien tot het voorjaar.

AANBEVOLEN CULTIVARS: 'Deutschland' (wit), 'Mainz' (donker paarsroze), 'Red Sentinel' (robijnrood, het blad loopt purperkleurig uit).

ANDERE SOORTEN: de prachtspirea *(A. x arendsii)* bloeit met talrijke vrolijk gekleurde cultivars van juli tot september (60–100 cm). *A. chinensis* blijft met ongeveer 40 cm beduidend kleiner, zijn dwergvorm *(A. chinensis var. pumila)* wordt maar ongeveer 25 cm hoog. Deze laatste doet het ook goed in de zon.

Bergenia-Hybriden
Schoenlappersplant

Standplaats:

Toepassing:

G B W S

Eigenschappen:

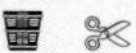

FAMILIE: Steenbreekachtigen *(Saxifragaceae)*

HERKOMST: uit kweek. De soorten zijn overwegend afkomstig uit de Himalaya of het Altai-gebergte.

GROEI: 20–50 cm hoog, afhankelijk van de cultivar; bossig, uitbreiding door rizomen, maar niet woekerend.

BLAD EN BLOEMEN: ovaal tot hartvormig, stevig leerachtig, aan de rand golvend getand; groen of roodachtig, vaak met een roodachtige herfstkleur. Schermvormige schijnaren zitten aan de vlezige bloemstelen, het kleurenspectrum loopt van wit tot roze en rode variaties. Bloeitijd april tot mei.

STANDPLAATS: halfschaduw tot schaduw, ook in de zon; voedselrijke, vochtige, doorlatende bodem.

TOEPASSING: deze groenblijvende blad- en bloemplant groeit voor en tussen boomgroepen, in schaduwrijke borderranden en aan de waterkant, lage cultivars ook in de rotstuin of bloembak. Blad en bloemen vormen een fraaie decoratie voor boeketten.

Verzorgingstip: vroege bloemen kunnen niet tegen late vorst. Verwelkte bladeren moeten tegen het voorjaar verwijderd worden.

Vermeerdering: in het voorjaar delen of zaaien, ook wortelstokstekken is dan mogelijk.

Aanbevolen cultivars: 'Abendglocken' (diep karmijnrode bloem), 'Baby Doll' (zachtroze, rode bloemsteel, herfstkleur), 'Herbstblüte' (roze, bloeit in de herfst opnieuw), 'Oeschberg' (roze met wit, late bloei), 'Silberlicht' (wit met roodachtig oog).

Andere soorten: *B. cordifolia* heeft donkerroze bloemen. De groene bladeren kleuren in de herfst purper. De cultivar 'Purpurea' heeft purperrode bloemen en rood blad.

Bistorta affinis
Adderwortel

Standplaats:

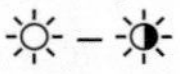

Eigenschappen:

F G S

Toepassing:

⤳

FAMILIE: Duizendknoopachtigen *(Polygonaceae)*

HERKOMST: deze adderwortel (syn. *Polygonum affine*) komt voor in het Himalaya-gebergte in Nepal.

GROEI: 25 cm hoog; vormt dichte zoden door uitlopers.

BLAD EN BLOEMEN: spatelvormig tot lancetvormig; frisgroen, kleurt in de herfst vaak rood. Dieproze bloemaren, die als ze uitgebloeid raken tot wit verkleuren, steken uit het bladertapijt omhoog. Bloeitijd juli tot november.

STANDPLAATS: zon of halfschaduw; voedsel- en humusrijke, leemachtige, matig vochtige tot vochtige bodem.

TOEPASSING: snelgroeiende bodembedekker voor het laten begroeien van bermen, grotere vrije ruimtes in de halfschaduw en voor en tussen bomen; ook aan te bevelen voor de rotstuin of als grafbeplanting. Herfstanemonen, schoenlappersplanten, ereprijs, hosta of grassen bieden een fraaie aanblik als ze boven het bladertapijt uit kijken.

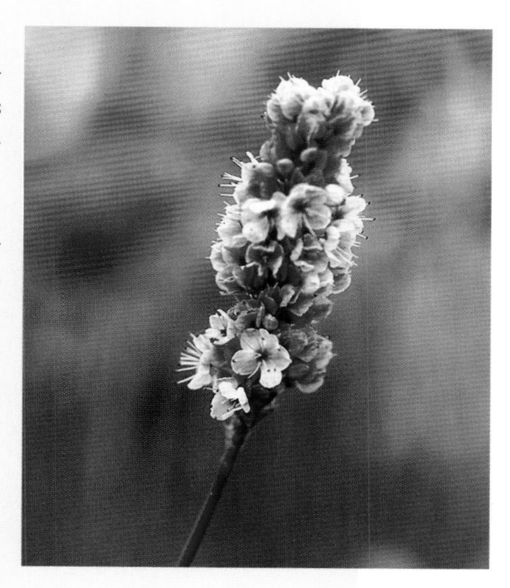

VERZORGINGSTIP: deze langbloeier, die weinig verzorging vraagt, is geschikt voor onderhoudsarme oppervlakken.

VERMEERDERING: in het voorjaar delen; van het late voorjaar tot de nazomer zachte of halfrijpe stekken afknippen.

BIJZONDERE EIGENSCHAPPEN: intensieve roodachtige herfstkleur.

AANBEVOLEN CULTIVARS: de bloemen van 'Darjeeling Red' zijn eerst roze en kleuren later purperrood. De stralend roze bloeiende 'Donald Lowndes' wordt slechts 15 cm hoog en groeit minder sterk, terwijl de roze 'Superbum' flink woekert en een oranjerode herfstkleur krijgt.

ANDERE SOORTEN: de lichtroze bloemen van de adderwortel (*B. officinalis,* syn. *Polygonum bistorta*) rijzen tot 80 cm in de hoogte op. De soort prefereert een vochtige bodem en groeit graag aan de waterkant, de roze bloeiende cultivar 'Superbum' woekert niet.

Briza media
Trilgras

Standplaats:

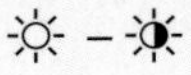

Toepassing:

F S

Eigenschappen:

FAMILIE: Grassenfamilie *(Poaceae)*

HERKOMST: in Europa inheems, maar het gras komt ook in Zuidwest-Azië van nature voor.

GROEI: heeft een bloeiwijze van ongeveer 40 cm hoog; opgaand, losjes pluimachtig, fijnvertakt.

BLAD EN BLOEMEN: lijnvormig, teer, tot 15 cm lang; blauwgroen. Sierlijke hartvormige aren zijn gerangschikt in losse pluimen. Bloeitijd mei tot juli.

STANDPLAATS: zon of halfschaduw; zandige, voedingsarme bodem.

TOEPASSING: dit weinig verzorging vragende gras is zeer geschikt voor de beplanting van zonnige hellingen en voor rots- en heidetuinen. Het kan heel goed in groepen geplant worden, maar ook tussen andere vaste planten, en staat goed in grotere plantenbakken. Soorten van het blauw schapegras staan er mooi bij. De gedroogde, strokleurige bloemenpluimen zijn geliefd bij bloemisten.

VERZORGINGSTIP: aan het einde van de winter snoeien.

VERMEERDERING: in het late voorjaar of de vroege zomer delen. Eenjarige soorten worden in het voorjaar bij ongeveer 10 °C gezaaid.

BIJZONDERE EIGENSCHAPPEN: de naam 'trilgras' verwijst naar de aren, die al bij het kleinste zuchtje wind trillen en daarbij ratelen.

ANDERE SOORTEN: eenjarige familieleden zijn *B. maxima*, groot trilgras, en *B. minor*, klein trilgras. De eerste soort valt vooral op door zijn 2 – 3 cm lange, hangende, traanvormige aren, de tweede wordt slechts ongeveer 25 cm hoog.

Calamagrostis x acutiflora
Pluimstruisriet

Standplaats:
☼ – ◐

Toepassing:
B F W

FAMILIE: Grassenfamilie *(Poaceae)*

HERKOMST: de soort komt oorspronkelijk uit Europa.

GROEI: bladpol ongeveer 60 cm, met pluimen tot 150 cm hoog; opgaand, bossig, breidt zich uit door rizomen.

BLAD EN BLOEMEN: smal lijnvormig, stevig, licht gebogen; geel. Gele, smalle pluimen. Bloeitijd juli tot augustus.

STANDPLAATS: de plant houdt van zon, maar kan ook in lichte schaduw staan; vochtige tot matig vochtige, voedselrijke bodem.

TOEPASSING: dit statige gras doet het bijzonder goed in de achtergrond van vaste-plantenborders en -borderranden. Het past ook heel goed in natuurlijke tuinen of aan de waterkant. Zowel solitair als in groepen heeft het een decoratief effect, in zijn nabijheid kunt u het beste alleen middelhoge vaste planten zetten.

VERZORGINGSTIP: de pluimen pas in het voorjaar snoeien.

Vermeerdering: door deling, van het late voorjaar tot de zomer.

Bijzondere eigenschappen: de bloempluimen zijn ook gedurende de winter, bijvoorbeeld als ze bedekt zijn met rijp of sneeuw, een sieraad.

Aanbevolen cultivars: 'Karl Foerster' is een breed, groenbladig gras met bronskleurige bloempluimen, die in tegenstelling tot de soort niet woekert (met bloempluimen van 150 cm hoog). Het groene blad van 'Overdam' heeft een geelachtig-witte rand (met bloempluimen van 120 cm).

Campanula carpatica
Karpatenklokje

Standplaats:
☼

Toepassing:
S B F

Eigenschappen:

FAMILIE: Klokjesfamilie *(Campanulaceae)*

HERKOMST: de plant is afkomstig uit de Karpaten.

GROEI: 20–30 cm hoog; vormt bossige zoden.

BLAD EN BLOEMEN: rondachtig tot hartvormig; donkergroen. Klokvormig; afhankelijk van de cultivar blauw of wit. Bloeitijd juni tot augustus.

STANDPLAATS: zonnig; matig voedselrijke, niet te droge, kalkhoudende, ook steenachtige bodem.

TOEPASSING: deze typische rotstuinplant gedijt tussen stenen, treden en op droge muurtjes. Hij is ook geschikt als lage omlijsting of in de voorste rij van de border. Groeit zelfs goed in een kom of bloembak op het balkon.

VERZORGINGSTIP: de planten worden nogal eens door slakken aangetast. Tref daarom beschermende maatregelen.

VERMEERDERING: cultivars van de late winter tot het vroege voorjaar delen of na de bloei stekken. Soorten kunt u in de herfst of in het voorjaar eerst in potjes zaaien; de planten zaaien zichzelf echter ook ruim uit.

AANBEVOLEN CULTIVARS: 'Blaue Clips' bloeit helder violetblauw, de witte tegenhanger heet 'Weiße Clips'. 'Blaumeise' heeft lichtblauwe bloemen met een wit hart.

ANDERE SOORTEN: het zodeklokje *(C. cochleariifolia)* wordt maar 10 cm hoog en heeft zeer sierlijke, witte of blauwe bloemen. *C. portenschlagiana* en *C. poscharskyana* vormen ongeveer 15 cm hoge zoden met stervormige bloemen in blauwe tinten.

Campanula glomerata
Kluwenklokje

Standplaats:
☼ – ◐

Toepassing:
B F G

Eigenschappen:
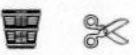

FAMILIE: Klokjesfamilie *(Campanulaceae)*

HERKOMST: Europa, Siberië en Centraal-Azië.

GROEI: 40–50 cm hoog; bossig, breidt zich uit door uitlopers, de opgaande bloemstengels hebben vaak een roodachtige gloed.

BLAD EN BLOEMEN: stengelblad langwerpig lancetvormig, grondblad ovaal tot hartvormig; dofgroen. De smalle klokjesvormige, enkele bloemen vormen een eindstandige bloemenkluwen, afhankelijk van de cultivar in violet of wit. Bloeitijd juni tot augustus.

STANDPLAATS: zon of halfschaduw, warm; voedselrijke, kalkhoudende, matig vochtige bodem.

TOEPASSING: de hoge soort wordt aanbevolen voor vaste-plantenborders en bonte borderranden, en staat heel goed voor bomen en bij rozen. Hij is geschikt als snijbloem en voor plantenbakken.

VERZORGINGSTIP: de plant kan slecht tegen vocht. Als u niet wil dat hij te zeer woekert, moet u hem weinig plaats geven. Snoeien na de eerste bloei stimuleert een tweede bloeiperiode.

VERMEERDERING: cultivars vroeg in het voorjaar delen of na de bloei stekken. Soorten kunt u in de herfst of het voorjaar eerst in potjes zaaien; de planten zaaien zichzelf echter ook ruim uit.

AANBEVOLEN CULTIVARS: 'Dahurica' bloeit met donkerpaarse bloemspiralen, 'Schneekrone' in zuiver wit.

ANDERE SOORTEN: het perzikbladig klokje *(C. persicifolia)* wordt 80–100 cm hoog. De afhankelijk van de cultivar witte of blauwe klokvormige bloemen zitten in opgaande trossen.

Carex morrowii 'Variegata'
Zegge

Standplaats:

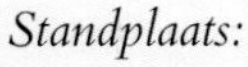

Toepassing:

G W

Eigenschappen:

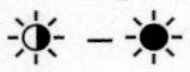

FAMILIE: Cypergrassen *(Cyperaceae)*

HERKOMST: uit kweek. De herkomst van de soort is Japan, waar de plant in moerasgebieden groeit.

GROEI: 30 cm hoog; breed polvormig.

BLAD EN BLOEMEN: lijnvormig, licht gebogen; donkergroen, aan de rand smalle crèmekleurige strepen. Onopvallende geelachtige bloemen op donkerbruine aren. Bloeitijd maart tot april.

STANDPLAATS: halfschaduw tot schaduw, hoge luchtvochtigheid; leemachtige of zandige humusrijke, vochtige bodem.

TOEPASSING: het groenblijvende siergras is een goede keus voor donkere zones voor of tussen bomen of aan de vijverrand. Hij harmoniseert uitstekend met rododendrons. In kuipen kan hij ook op schaduwrijke terrassen, balkons of binnenplaatsen staan, maar hij moet dan wel tegen sterke vorst beschermd worden.

VERZORGINGSTIP: de plant heeft graag een standplaats met beschutting tegen de wind en met hoge luchtvochtigheid.

Vermeerdering: in het late voorjaar of de vroege zomer delen.

Bijzondere eigenschappen: snijd de aren pas in het voorjaar terug, aangezien ze ook in de winter zeer fraai zijn.

Aanbevolen cultivars: 'Variegata Aurea' onderscheidt zich door groen, smal blad met een gele streep in het midden.

Andere soorten: *C. ornithopoda* 'Variegata', wordt slechts 20 cm hoog. Zijn blad heeft een witte streep in het midden. Het blad van *C. buchananii* is wel het hele jaar door bronskleurig (40 cm).

Centranthus ruber

Rode spoorbloem

Standplaats:
☼

Toepassing:
S F

Eigenschappen:

FAMILIE: Valeriaanachtigen *(Valerianaceae)*

HERKOMST: de rode valeriaan, zoals de soort ook wel heet, stamt uit de Alpengebieden van West- en Zuid-Europa.

GROEI: 50–70 cm hoog, afhankelijk van de cultivar; bossig vertakt, aan de basis vaak verhout, stengels licht gebogen.

BLAD EN BLOEMEN: breed lancetvormig, vlezig; blauwgroen. De kleine enkele trechtervormige bloemen met een donker rozerode kleur zitten in opgaande schijnaren. Ze zijn enigszins welriekend. Bloeitijd juni tot september.

STANDPLAATS: zonnig en warm; droge tot matig vochtige, goed drainerende kalkhoudende, ook steenachtige bodem.

TOEPASSING: deze wilde plant, die weinig eisen stelt, is ideaal voor de rotstuin en groeit ook op droge muurtjes. Zelfs tegen een warme muur op het zuiden doet hij het goed. De plant kan alleen of in kleine groepen geplant worden en verwildert gemakkelijk. Goed in combinatie met asters, fijnstraal, kogeldistel of gipskruid. De plant is geschikt als kuipplant, de bloemhoofden staan mooi in de vaas.

VERZORGINGSTIP: als u de uitgebloeide bloemhoofden regelmatig verwijdert, is de vaste plant bereid nog een keer te bloeien. In de winter moet hij tot de grond teruggesnoeid worden. Enige bescherming is dan wel aan te bevelen.

VERMEERDERING: in het voorjaar delen. De plant zaait zichzelf rijkelijk uit wanneer zijn standplaats hem bevalt.

BIJZONDERE EIGENSCHAPPEN: de rijk bloeiende spoorbloem is een geliefde bron van nectar voor bijen en andere insecten.

AANBEVOLEN CULTIVARS: 'Alba' bloeit wit, 'Coccineus' framboosrood.

Cimicifuga ramosa
Zilverkaars

Standplaats:

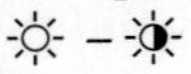

Toepassing:

G B

Eigenschappen:

FAMILIE: Ranonkelachtigen *(Ranunculaceae)*

HERKOMST: de plant is afkomstig van het Aziatische schiereiland Kamsjatka.

GROEI: tot 200 cm hoog; opgaand, dicht bossig, polvormig.

BLAD EN BLOEMEN: driedelig geveerd; hardgroen, in de herfst vaak geel. Kleine witte enkele bloemen vormen tot 40 cm lange, meestal licht gebogen bloemaren, die een aangename geur verspreiden. Bloeitijd september tot oktober.

STANDPLAATS: halfschaduw tot schaduw, koel, uit de wind; humus- en voedselrijke, matig tot flink vochtige bodem.

TOEPASSING: deze indrukwekkende plant met de charme van een wilde plant groeit goed in het gefilterde licht van bomen. Hij staat zeer fraai voor naaldbomen en maakt elke kale noordmuur mooier. Vanwege zijn lengte staat hij het beste als solitair. Hij kan mooi gecombineerd worden met bijvoorbeeld monnikskap, herfstanemoon, hoge campanula, varens, schaduwgrassen.

VERZORGINGSTIP: in de winter tot vlak boven de grond terugsnoeien en afdekken. Harde, late vorst kan de jonge stengels beschadigen.

VERMEERDERING: vroeg in het voorjaar delen. Soorten kunnen na de bloei uitgezaaid worden, maar het zaad ontkiemt slecht.

AANBEVOLEN CULTIVARS: bij 'Atropurpurea', de purper-zilverkaars, contrasteert donker bruinrood blad met witte bloemen.

ANDERE SOORTEN: *C. racemosa* bloeit in de zomer; *C. racemosa* var. cordifolia, die ook in de zon groeit, van augustus tot oktober; *C. simplex in* de naherfst.

Clematis integrifolia
Borderclematis

Standplaats:
☼ – ◑

Toepassing:
F G

Eigenschappen:
✂

FAMILIE: Ranonkelachtigen *(Ranunculaceae)*

HERKOMST: de ook onder de naam bosrank bekende clematis komt van Oost-Europa tot in Centraal-Azië van nature voor.

GROEI: 60 cm hoog; niet klimmend.

BLAD EN BLOEMEN: ovaal; hardgroen. Knikkende, enkele, middenblauwe bloemen, tot 5 cm lang, met enigszins gedraaide bloembladen. Bloeitijd juli tot augustus.

STANDPLAATS: staat het liefst in de zon, kan ook in de halfschaduw; humus- en voedselrijke, matig vochtige, doorlatende bodem.

TOEPASSING: de vaste plant groeit in een zonnige zone voor en tussen bomen, ook in gemengde beplanting. De bloemen staan fraai in bonte boeketten.

VERZORGINGSTIP: enige ondersteuning is aan te bevelen. In de naherfst de plant tot ongeveer 20 cm terugsnoeien, op zijn laatst in het voorjaar voordat hij uitloopt.

VERMEERDERING: in de herfst vers zaad uitzaaien, van het voorjaar tot de zomer stekken.

BIJZONDERE EIGENSCHAPPEN: na de bloei vallen de zilverbruine zaaddozen (vruchtpluizen) op.

AANBEVOLEN CULTIVARS: 'Juuli' heeft licht blauwpaarse stervormige bloemen. Hij bloeit rijkelijk en wordt ongeveer 120 hoog.

ANDERE SOORTEN: de bekende vaste-plant-clematis *(C. heracleifolia)* is betoverend met zijn zacht pastelblauwe bloemen. De bloemen van 'Cassandra' zijn stralend gentiaanblauw, die van 'Côte d'Azur' lichtblauw. De blauwe bloemen van 'Campanile' geuren bovendien. De wit bloeiende *C. x jouiniana* 'Praecox' is een goede bodembedekker aan de bosrand.

Convallaria majalis
Lelietje-van-dalen

Standplaats:

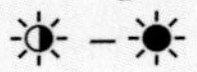

Toepassing:

G

Eigenschappen:

✂ **!**

FAMILIE: Lelie-achtigen *(Convallariaceae)*

HERKOMST: inheems in Europa, beschermde plantensoort.

GROEI: 20 cm hoog; breidt zich uit door rizomen en vormt daarbij dichte groepen.

BLAD EN BLOEMEN: langwerpig elliptisch; glanzend donkergroen, in de herfst geel, vroeg afstervend. De kleine hangende klokjes zitten aan losse trossen. Ze geuren sterk. Bloeitijd mei tot juni.

STANDPLAATS: halfschaduw tot schaduw, niet te koel; humus- en voedselrijke, matig vochtige (bos)grond.

TOEPASSING: een charmante bodembedekker voor schaduwrijke oppervlakten onder bomen en struiken, ook die al geworteld zijn. Hij is bovendien geschikt voor potten en kommen, de bloemen zijn geliefd in kleine boeketten.

Verzorgingstip: als de vaste plant te sterk woekert, moet u hem inperken of indien nodig in de herfst afsteken.

Vermeerdering: na de bloei delen. Zaaien is mogelijk, maar het duurt enkele jaren tot de plant gaat bloeien.

Bijzondere eigenschappen: na de bloei worden bessen gevormd, die echter giftig zijn, net als de plant zelf.

Aanbevolen cultivars: 'Grandiflora' heeft bijzonder grote, witte bloemen en is ook geschikt voor een schaduwborder. Minder vaak treft men de cultivars 'Rosea' met lichtpaarse bloemen, 'Albostriata' met roomwit gestreept blad of de gevulde 'Flore Pleno' aan.

Coreopsis grandiflora 'Schnittgold'

Meisjesogen

Standplaats:

Toepassing:

B

Eigenschappen:

✂

FAMILIE: Samengesteldbloemigen *(Asteraceae)*

HERKOMST: uit kweek. De grootbloemige meisjesogen stammen oorspronkelijk uit de zuidelijke gebieden van Noord-Amerika.

GROEI: 80 cm hoog; los bossig.

BLAD EN BLOEMEN: teer, meestal geveerd; hardgroen. Op de behaarde stengels zitten grote ronde, goudgele bloemhoofdjes. Bloeitijd juni tot september.

STANDPLAATS: zonnig en warm; voedselrijke, matig vochtige, doorlatend bodem.

TOEPASSING: de zonnige kleur van deze vaste plant mag in geen enkele border of borderrand ontbreken. Vooral in groepen komt hij bijzonder goed tot zijn recht. De bloemen, die ook in de knop kunnen worden afgesneden, blijven lang goed in de vaas.

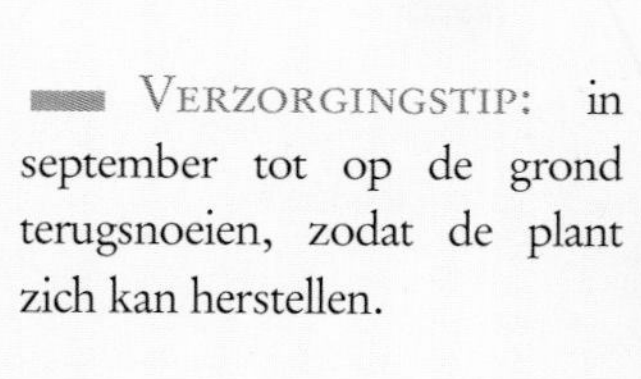

Verzorgingstip: in september tot op de grond terugsnoeien, zodat de plant zich kan herstellen.

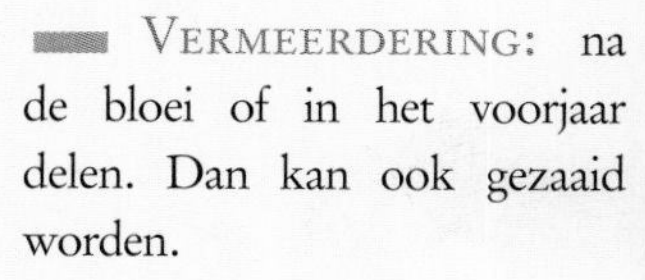

Vermeerdering: na de bloei of in het voorjaar delen. Dan kan ook gezaaid worden.

Bijzondere eigenschappen: geliefde bron van nectar voor bijen en andere insecten.

Aanbevolen cultivars: 'Early Sunrise' valt op door zijn halfgevulde, goudgele bloemen (40 cm).

Andere soorten: de cultivars van *C. lanceolata* blijven lager en zijn bijzonder geschikt als omlijstingsplanten. *C. verticillata* valt op door zijn naaldachtig, geveerd blad en de stervormige bloemen.

Cortaderia selloana

Pampasgras

Standplaats:
☼

Toepassing:
B F W

Eigenschappen:
✂ ⚠

FAMILIE: Grassenfamilie *(Poaceae)*

HERKOMST: Argentinië, Uruguay en het zuiden van Brazilië.

GROEI: 200 tot 300 cm hoog (inclusief bloempluimen); stijf opgaand, polvormig.

BLAD EN BLOEMEN: smal, aan de rand scherp getand, gebogen; grijsgroen. Tot 80 cm lange, bossige, zilverwitte bloempluimen zitten aan lange, stevige halmen. Bloeitijd september tot november.

STANDPLAATS: zonnig, warm en beschut; voedselrijke, doorlatende grond zonder winterse natheid.

TOEPASSING: dit decoratieve, groenblijvende solitairgras moet op een plek staan waar hij volledig tot zijn recht komt. Hij groeit in het gazon of aan de rand van een vijver. Vooral in de buurt van het terras is hij opvallend aanwezig. De bloempluimen zijn geschikt voor boeketten.

VERZORGINGSTIP: in de zomer voor voldoende vocht zorgen, bij het gieten een keer per maand bemesten. In de winter tegen de vorst beschermen (aan de bovenkant samenbinden en met dennentakken, strooien matten of iets dergelijks afdekken, het wortelgebied mulchen). Pas in het voorjaar terugsnoeien tot 20 cm.

VERMEERDERING: in het voorjaar delen. Gekochte planten pas in de lente planten.

AANBEVOLEN CULTIVARS: 'Rendatleri' heeft zachtroze pluimen (200 cm), 'Argentea' en 'Sunnigdale Silver' daarentegen zilverwitte (200–250 cm). 'Pumila' blijft beduidend kleiner (120 cm).

Cyclamen hederifolium
Alpenviooltje

Standplaats:

Toepassing:
S G

Eigenschappen:

FAMILIE: Sleutelbloemachtigen *(Primulaceae)*

HERKOMST: het alpenviooltje is afkomstig uit het Middellandse Zeegebied en is een beschermde plant.

GROEI: 10–15 cm hoog; opgaand, uit de platte knollen spruiten in de herfst bloemen en blad.

BLAD EN BLOEMEN: hartvormig, puntig toelopend, met een getande rand, net als klimop, groenblijvend, in het late voorjaar afstervend; groen, vaak met witte tekening. De bloembladen van de knikkende, roze bloemen zijn opvallend gedraaid. Bloeitijd (augustus) september tot oktober, vaak voordat het blad verschijnt.

STANDPLAATS: halfschaduw en warm; op doorlatende, voedsel- en humusrijke, kalkhoudende, (in de zomer) droge tot matig vochtige bodem.

TOEPASSING: deze kleine vaste plant staat ideaal onder zomergroene bomen. Hij groeit ook goed in een rotstuin in de schaduw. Het beste effect geeft hij in groepen.

VERZORGINGSTIP: in koude gebieden kan een winterdek geen kwaad. Ook de bloemen moeten dan losjes met dennentakken afgedekt worden.

VERMEERDERING: vers, rijp zaad vanaf de hoogzomer uitzaaien of wachten tot de plant zichzelf uitzaait, ter plekke gepoot vormen zich dichte groepen. De knollen in de herfst ongeveer 5 cm diep planten, gedurende de winter met blad of dennetakken afdekken.

AANBEVOLEN CULTIVARS: 'Album' bloeit wit.

ANDERE SOORTEN: de wilde voorjaarsbloeiende cyclaam *(C. coum)* bloeit van februari tot april stralend roze.

Delphinium grandiflorum
Ridderspoor

Standplaats:
☼

Toepassing:
B F S

Eigenschappen:
!

FAMILIE: Ranonkelachtigen *(Ranunculaceae)*

HERKOMST: West-China en Siberië.

GROEI: 30–50 cm hoog, afhankelijk van de soort; bossig, compact.

BLAD EN BLOEMEN: handvormig, diep ingesneden; frisgroen. Spitse bekervormige, gentiaanblauwe bloemen. Bloeitijd juni tot augustus.

STANDPLAATS: zonnig; losse, zandig-leemachtige bodem.

TOEPASSING: een bijzondere, kleine plant voor borders, borderranden, rotstuinen, potten en kommen. Ook fraai in een zomerboeket.

VERZORGINGSTIP: deze vaste plant kan niet tegen wateroverlast en strenge vorst. Als u de plant direct na de bloei terugsnoeit, bloeit hij in de herfst nog een keer. In de winter afdekken, in koude gebieden elk jaar opnieuw uitzaaien.

VERMEERDERING: vroeg in het voorjaar uitzaaien. Hoge riddersporen (behalve Pacific-hybriden) worden vermeerderd door delen of stekken.

BIJZONDERE EIGENSCHAPPEN: het aanraken van het blad kan tot huidirritatie leiden. De bloemen zijn zeer geliefd bij hommels.

ANDERE SOORTEN: hoge riddersporen bloeien in juni-juli, na de snoei nog een keer in september-oktober. *D.-Belladonna*-hybriden worden afhankelijk van de soort tot 120 cm hoog. Er zijn blauw, violet en wit bloeiende cultivars. *D.-Elatum*-hybriden worden met een hoogte 200 cm nog groter. In die groep zijn er violette, blauwe, roze en witte cultivars. Een bijzonder opvallend cultivar is *D.-Pacific*-hybride 'Black Knight' in donker violet (180 cm).

Dianthus plumarius 'Maggie'

Grasanjer

Standplaats:

Toepassing:

Eigenschappen:

FAMILIE: Anjerfamilie *(Caryophyllaceae)*

HERKOMST: uit kweek. De soort stamt uit het zuidoosten van Europa en is een beschermde plant.

GROEI: 20–30 cm hoog, afhankelijk van de cultivar; dichte zoden vormend.

BLAD EN BLOEMEN: smal, spits toelopend; blauwgroen, grasachtig, vandaar de naam 'grasanjer'. Bloem rond, diep ingesneden, geurend; donkerroze, andere cultivars wit of rood. Bloeitijd mei tot juni (juli).

STANDPLAATS: zonnig en warm; goed gedraineerde, kalkhoudende, matig droge bodem.

TOEPASSING: een groenblijvende vaste plant voor rotstuinen en droge muren, voor omlijstingen en plantenbakken. Ook geschikt als snijbloem.

VERZORGINGSTIP: deze veeleisende plant houdt niet van permanente (bodem)vochtigheid.

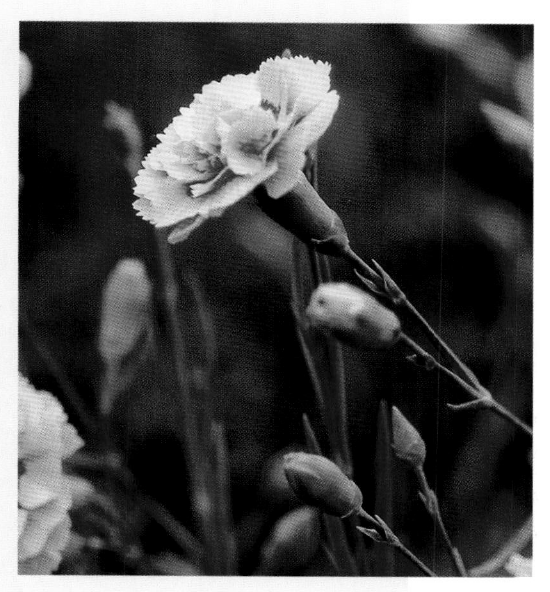

VERMEERDERING: cultivars kunt u het beste in de herfst of vroeg in het voorjaar vermeerderen door deling.

BIJZONDERE EIGENSCHAPPEN: de bloemvorm van de anjers is zeer geliefd bij vlinders.

AANBEVOLEN CULTIVARS: 'Alba Plena' en 'Diamant' hebben witte, gevulde bloemen; 'Heidi' bloeit rood gevuld, 'Doris' zalmroze met een rood hart, 'Munot' dieprood gevuld.

ANDERE SOORTEN: de steenanjer *(D. deltoides)*, een goede keus voor rots- en heidetuinen, is verkrijgbaar met rode of witte bloemen. De bladzoden van de pinksteranjer *(D. gratianopolitanus)* zijn afhankelijk van de cultivar met roze, rode of witte bloemen bezaaid. 'Blaureif' valt op door zijn zilverblauw blad. *D. amurensis* bloeit heel lang, van juni tot september, met violette bloemen.

Dicentra spectabilis
Gebroken hartje

Standplaats:

Toepassing:

G B

Eigenschappen:

 ✄

FAMILIE: Duivekervelfamilie *(Fumariaceae)*

HERKOMST: de hartjesbloemen komen van nature voor in China en Japan.

GROEI: 60–70 cm hoog; bossig, breidt zich uit via rizomen.

BLAD EN BLOEMEN: driedelig, varenachtig; blauwgroen, vergeelt in de zomer en sterft af. De witte binnenste bloemblaadjes komen uit de hartvormige roze bloemen als een traan tevoorschijn. De enkele bloemen zitten in overhangende trossen. Bloeitijd mei tot juni.

STANDPLAATS: halfschaduw; humus- en voedselrijke, matig vochtige, losse, kalkarme bodem.

TOEPASSING: de plant staat uitstekend in de lichte schaduw van struiken, bijvoorbeeld bij rododendrons, in borderranden in de halfschaduw of verfraait kale muren op het noorden. Het is een typische plant voor de boerentuin die ook in kuipen gedijt. De bloemtrossen zijn geschikt voor de vaas.

VERZORGINGSTIP: de plant kan niet tegen wateroverlast. Late vorst kan jonge stengels beschadigen.

VERMEERDERING: aan het eind van de winter de rizomen delen of in de zomer stekken.

BIJZONDERE EIGENSCHAPPEN: de plant sterft kort na de bloei af. Daarom kunt u hem het beste combineren met andere 'schaduwplanten' of varens.

AANBEVOLEN CULTIVARS: 'Alba' bloeit zuiver wit.

ANDERE SOORTEN: Het kleine gebroken hartje *(D. eximina)* wordt slechts zo'n 20 cm hoog. Hij heeft roze bloemen, die van de cultivar 'Alba' zijn wit. Ze verschijnen van mei tot juli. Iets heel bijzonders is *D. formosa* 'Stuart Boothman' met oudroze bloemen boven zeer fijn grijsgroen blad (30 cm).

Digitalis purpurea
Vingerhoedskruid

Standplaats:
◑ – ☼

Toepassing:
G B F

Eigenschappen:
✂ **!**

FAMILIE: Leeuwebekjesfamilie *(Scrophulariaceae)*

HERKOMST: het gewone vingerhoedskruid is inheems in Europa, waar men hem vaak op boshellingen aantreft.

GROEI: 150 cm hoog; opgaand, grondstandige bladrozetten.

BLAD EN BLOEMEN: smal langwerpig tot ovaal; donkergroen. Grote klokvormige enkele bloemen zitten in lange, dichte trossen. Afhankelijk van de cultivar zijn ze lila(rood), roze of wit. Bloeitijd juni tot juli.

STANDPLAATS: halfschaduw, ook zon; humusrijke, droge, kalkarme bodem.

TOEPASSING: het groenblijvende vingerhoedskruid houdt van de lichte schaduw voor en tussen struiken, bijvoorbeeld naast rododendrons en vormt een harmonisch element in natuurlijk vormgegeven tuinen. Behalve naast bosgrassen en varens staat hij mooi bij hoge campanula, geitebaard of zilverkaars. Hij is ook geschikt voor borders en borderranden en voor heidetuinen.

VERZORGINGSTIP: na de bloei snoeien.

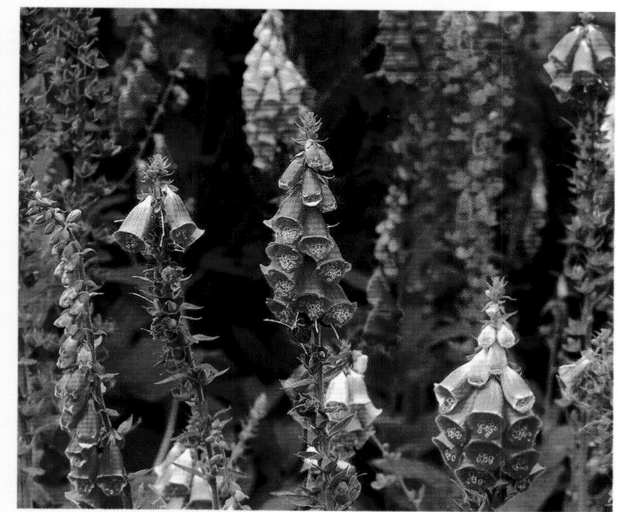

VERMEERDERING: de plant is meestal tweejarig. Daarvoor moet hij vroeg in het voorjaar worden gezaaid. Bovendien zaait de plant zich sterk uit.

BIJZONDERE EIGENSCHAPPEN: de vaste plant bevat giftige glycosiden, die verwerkt worden tot geneesmiddel bij hartkwalen. Als bron van nectar is hij zeer geliefd bij hommels.

AANBEVOLEN CULTIVARS: bekend zijn 'Gloxiniaeflora' met roze en 'Gloxiniaeflora Alba' met witte bloemen. 'Excelsior' is een kruising van purper, roze en wit. 'Suttons Apricot' valt op door zijn zalmroze bloemen.

ANDERE SOORTEN: heel bijzonder is het kalkminnende gele vingerhoedskruid *(D. lutea)* met citroengele bloemen.

Dryopteris filix-mas
Mannetjesvaren

Standplaats:

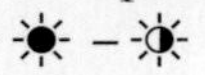

Toepassing:

G W

Eigenschappen:

 **!**

FAMILIE: Niervarenfamilie *(Dryopteridaceae)*

HERKOMST: de in Europa inheemse gewone mannetjesvaren is over het noordelijk halfrond tot in Zuid-Amerika verspreid.

GROEI: tot 100 cm hoog; opgaand, trechtervormig, polvormig.

BLAD: enkelvoudig geveerd, breed, zachte kuifjes; dofgroen.

STANDPLAATS: schaduw tot halfschaduw, koel; vochtige, humusrijke (bos)grond.

TOEPASSING: deze varen, die weinig eisen stelt, is geschikt voor alle schaduwpartijen in de tuin, waar hij voor en tussen bomen groeit. Hij is ook geschikt voor het beplanten van graven of als kuipplant en hij staat graag in de buurt van een vijver. Door zijn grootte komt hij als solitair het beste tot zijn recht.

VERZORGINGSTIP: de varen groeit het liefste ongestoord, als hij voldoende vocht krijgt kan hij ook op een wat zonniger plaats staan. De bodem kunt u voorbereiden met schorshumus of bladcompost.

VERMEERDERING: in het voorjaar delen.

BIJZONDERE EIGENSCHAPPEN: de mannetjesvaren, die in de Middeleeuwen als geneesmiddel tegen lintwormen gebruikt werd, is giftig.

AANBEVOLEN CULTIVARS: 'Barnesii' groeit steil opgaand (80–100 cm) met licht gegolfde pluimpjes. De cultivar 'Linearis Polydactylon' (50–70 cm hoog), heeft lange, eigenzinnig gekrulde pluimpjes met smal ingesneden veerblaadjes, met bossig vergroeide uiteinden.

ANDERE SOORTEN: de goudschubvaren *(D. affinis)* heeft diepgroene veren met goudbruin geschubde stelen, wat een fraai contrast geeft. In milde gebieden is hij groenblijvend. De brede stekelvaren *(D. dilatata)* heeft zeer brede, drievoudig geveerde pluimen. De zwarte schubvaren *(D. wallichiana)* valt op door zijn zwart geschubde bladstelen en bladnerven.

Echinacea purpurea
Rode zonnehoed

Standplaats:

Toepassing:

B F

Eigenschappen:

FAMILIE: Samengesteldbloemigen *(Asteraceae)*

HERKOMST: de rode zonnehoed *(syn. Rudbeckia purpurea)* is afkomstig uit de droge gebieden van Noord-Amerika.

GROEI: 100 cm hoog; recht opgaand, bossig vertakt.

BLAD EN BLOEMEN: lancetvormig tot ovaal, met een scherp getande rand, grof leerachtig en ruwbehaard; diepgroen. Rondom het hooggewelfde hart, bestaande uit bruinrode buisbloemen, zitten de purperrode straalbloemen. Bloeitijd juni tot september.

STANDPLAATS: zonnig; humus- en voedselrijke, doorlatende, ook kalkhoudende grond.

TOEPASSING: deze vaste plant zorgt voor een unieke kleur in borders en borderranden. Hij is bovendien geschikt als kuipplant en als snijbloem.

VERZORGINGSTIP: als u de verwelkte bloemhoofdjes meteen verwijdert, dan vormt de plant snel nieuwe. In het voorjaar wordt de vaste plant tot op de bodem teruggesnoeid.

VERMEERDERING: in het voorjaar uitzaaien of delen (cultivars). Als u in de naherfst of winter de wortels oogst, dan kunt u de plant door wortelstek vermeerderen.

BIJZONDERE EIGENSCHAPPEN: de rode zonnehoed is een bekende geneeskrachtige plant. Voornamelijk uit de wortels wordt een groot aantal geneeskundige producten vervaardigd (waar gevoelige mensen echter een allergische reactie op kunnen krijgen). De plant is bij bijen en andere insecten zeer geliefd als bron van nectar.

AANBEVOLEN CULTIVARS: 'Abendsonne' bloeit zalmroze tot karmijnrood, de roze bloemen van 'Magnus' zijn groot en bloeien langdurig. 'Alba', 'White Lustre' en 'White Swan' hebben witte bloemen met een oranje hart.

Echinops ritro
Kogeldistel

Standplaats:
☼

Toepassing:
B F S

Eigenschappen:
✂

FAMILIE: Samengesteldbloemigen *(Asteraceae)*

HERKOMST: komt in Zuid-Europa en het Balkangebied voor op rotsachtige, stenige vlakten.

GROEI: 100–150 hoog; bossig opgaand.

BLAD EN BLOEMEN: diep ingesneden, met een doornige rand; aan de bovenzijde blauwgroen, aan de onderzijde wollig behaard. De kogelvormige bloemhoofdjes schitteren met een buitengewone staalblauwe kleur, in de knop hebben ze een metaalachtige glans. Ze tronen op stevige, grijze wollige stelen. Bloeitijd juli tot september.

STANDPLAATS: zonnig, warm; goed gedraineerde, droge, grond.

TOEPASSING: voor zonnige borders en bermen of natuurlijke tuinen, als snij- en droogbloem.

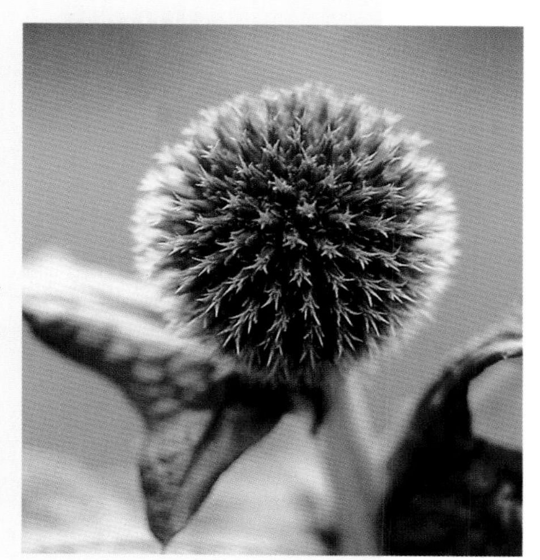

VERZORGINGSTIP: de plant gedijt het beste op een droge standplaats, vooral in de winter houdt hij niet van nattigheid. Na de bloei of in het voorjaar wordt hij gesnoeid.

VERMEERDERING: in de herfst of vroeg in het voorjaar delen, in het voorjaar zaaien.

BIJZONDERE EIGENSCHAPPEN: zeer sterk en vorstbestendig. Geliefd bij bijen, en trekt ook vlinders aan.

AANBEVOLEN CULTIVARS: 'Veitch's Blue', met staalblauwe bloemkogels boven grijs blad, blijft iets kleiner dan de soort (80–100 cm). Het is een goede snijbloem.

ANDERE SOORTEN: *E. bannaticus* 'Taplow Blue' heeft violetblauwe bloemkogels. *Eryngium alpinum*, ook bekend onder de naam alpenkruisdistel, onderscheidt zich door blauwe tot violette op distels lijkende bloemen.

Epimedium x rubrum
Elfenbloem

Standplaats:

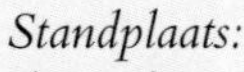

Toepassing:

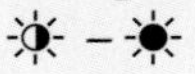

Eigenschappen:

FAMILIE: Berberisachtigen *(Berberidaceae)*

HERKOMST: uit kweek. Een kruising tussen de elfenbloemen *E. grandiflorum* en *E. alpinum*.

GROEI: 30 cm hoog; bossig, de vaste plant breidt zich redelijk sterk uit door rizomen.

BLAD EN BLOEMEN: dubbel drietallig, met ovale, spitse, aan de rand stekelig getande blaadjes; eerst zacht roodachtig getint, in de herfst dieprood tot roodbruin. De kleine gespoorde bloemen zijn karmijnrood met een geelwit hart. Ze bloeien in losse trossen. Zijn naam 'elfenbloem' heeft de plant te danken aan zijn tere uiterlijk. Bloeitijd april tot mei.

STANDPLAATS: halfschaduw tot schaduw; humus- en voedselrijke, vochtige maar goed gedraineerde grond.

TOEPASSING: deze bosplant is ideaal om kale plekken onder bomen en struiken te laten begroeien, aangezien hij ook in doorwortelde grond kan wortelen.

VERZORGINGSTIP: als u de oudere bladeren verwijdert, krijgen de jongere bladeren in de herfst een diepere kleur. Laat in de winter wordt de plant tot op de bodem gesnoeid. Aangezien de bovengrondse plantdelen door de vorst beschadigd kunnen worden, wordt een plek uit de wind en een beschermende mulchlaag aangeraden.

VERMEERDERING: laat in de winter of na de bloei delen. In de herfst en winter kunt u ook rizoomstekken snijden (ongeveer 5–8 cm lang), deze binnenshuis laten wortelen en na de vorstperiode uitplanten.

ANDERE SOORTEN: *E. grandiflorum* 'Rose Queen' bloeit dieproze, 'Elfenkönigin' roomwit. *E. x versicolor* 'Sulphureum' valt op door zijn zwavelgele bloemen en stralend bruine herfstkleur. De bloemen van *E. x warleyense* 'Orange Königin' zijn opvallend oranje van kleur.

Eremurus stenophyllus
Naald van Cleopatra

Standplaats:
☼

Toepassing:
B F S

Eigenschappen:
✂ ⚠

FAMILIE: Affodilfamilie *(Asphodelaceae)*

HERKOMST: de sierzweep (syn. *E. bungei*) komt in het westen en midden van Azië van nature voor.

GROEI: 80–100 cm hoog; polvormig, de vlezige wortels breiden zich uit in de vorm van een zeester.

BLAD EN BLOEMEN: riemvormig, grondstandig, sterft na de bloei af; blauwgroen. De stralend gele enkele bloempjes zitten in lange kaarsachtige bloemtrossen. Bloeitijd juni tot juli.

STANDPLAATS: zonnig en warm, beschut tegen permanente nattigheid; voedselrijke, diepgaande, losse, droge bodem.

TOEPASSING: deze indrukwekkende plant kan in de border en in de borderrand als structuurplant fungeren. De plant is ook geschikt voor de rotstuin. Hij kan als solitair of in kleine groepen geplant worden. Aangezien het blad al tegen het eind van de bloeitijd afsterft, combineert u de naald van Cleopatra met andere vaste planten, bijvoorbeeld siergrassen. De bloemen blijven lang goed in de vaas.

VERZORGINGSTIP: Voor het planten in de herfst is het aan te bevelen, vooral bij een compacte bodem, om een 3 tot 5 cm dikke laag zand op te brengen. De droge wortels moeten voorzichtig ongeveer 15 tot 20 cm diep worden geplant. De vaste plant in de winter tegen nattigheid en vorst beschermen.

VERMEERDERING: Na de bloei delen of vers zaad zaaien.

ANDERE SOORTEN: *E. x isabellinus* 'Ruiters-hybriden' worden tot 200 cm hoog. Ze bloeien afhankelijk van de cultivar geel, oranje, roze, rood en wit. *E. robustus* wordt ongeveer 220 cm hoog. Met hun roze knoppen en witte bloemen vormen de bloemtrossen een buitengewoon kleurrijk schouwspel.

Erigeron-Hybride *'Adria'*
Fijnstraal

Standplaats:
☼ – ◐

Toepassing:
B F

Eigenschappen:

FAMILIE: Samengesteldbloemigen *(Asteraceae)*

HERKOMST: uit kweek. De cultivar is een hybride van de Noord-Amerikaanse wilde soort *E. speciosus.* Fijnstraal wordt ook wel sparrekruid genoemd.

GROEI: 60 cm hoog; bossig vertakt.

BLAD EN BLOEMEN: lancetvormig, grondstandig; grijsgroen. De fijne straalbloempjes, stralend donkerblauw, bevinden zich in op asters lijkende bloemkopjes. Bloeitijd juli tot augustus, nabloei in augustus-september.

STANDPLAATS: het liefst zonnig, ook halfschaduw; voedselrijke, goed gedraineerde bodem.

TOEPASSING: een rijk bloeiende vaste plant voor borders en borderranden, die bijzonder geschikt is als snijbloem. De krachtige bloemkleur vormt een fraai contrast met donkere bomen in de achtergrond. Balkoneigenaren kunnen de plant ook als kuipplant houden.

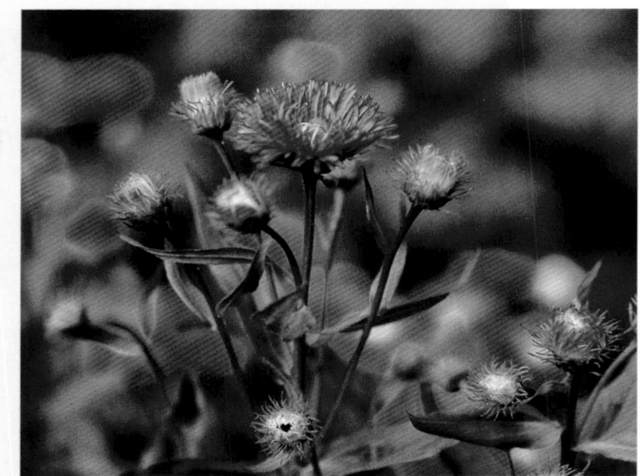

VERZORGINGSTIP: als u de plant na de hoofdbloei tot vlak boven de grond terugsnoeit, dan bloeit hij in de nazomer krachtig na. Bemesten in het begin van de lente bevordert het uitlopen.

VERMEERDERING: Van het voorjaar tot de zomer door deling of in het voorjaar door stekken. Door de plant elke drie tot vijf jaar te delen wordt deze verjongd.

AANBEVOLEN CULTIVARS: 'Dunkelste Aller' bloeit donker violet, 'Rotes Meer' daarentegen donkerrood. De witte bloemhoofdjes van 'Sommerneuschnee' hebben een roze gloed. Deze laatste heeft het karakter van een wilde plant.

ANDERE SOORTEN: het Mexicaanse madeliefje *(E. karvinskianus)* wordt ongeveer 30 cm hoog en is geschikt voor bloembakken op het balkon en hanging baskets en voor de rotstuin. Hij is helaas niet helemaal winterhard.

Eupatorium cannabinum
Leverkruid

Standplaats:

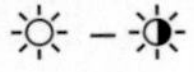

Toepassing:

W G B F

Eigenschappen:

FAMILIE: Samengesteldbloemigen *(Asteraceae)*

HERKOMST: de in Europa inheemse soort komt ook in Noord-Afrika en Centraal-Azië voor. Hij staat bekend onder de namen gewoon leverkruid of koninginnekruid.

GROEI: 120 cm hoog; Opgaande stengels, roodachtig en nauwelijks vertakt, breidt zich polvormig uit.

BLAD EN BLOEMEN: langwerpig eivormig, spits toelopend, steeds vier blaadjes zitten spiraalvormig etagegewijs aan de stengel; donkergroen. Dichte zalmroze bloemschermen verspreiden een aangename geur. Bloeitijd juli tot september.

STANDPLAATS: zon of halfschaduw; voedselrijke, leemachtige, vochtige bodem.

TOEPASSING: deze weinig eisen stellende vaste plant groeit bij voorkeur aan de rand van een vijver of waterloop met voldoende vochtige bodem. Ook aan de bosrand staat hij zeer goed. Als solitair komt hij het beste tot zijn recht. De bloemschermen blijven in de vaas een hele tijd goed.

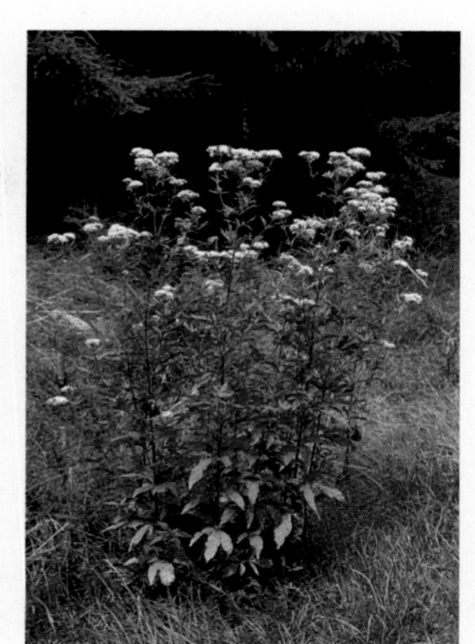

VERZORGINGSTIP: in de late winter of in het voorjaar tot op de grond terugsnoeien.

VERMEERDERING: in de lente zaaien of voor de groeiaanzet delen.

BIJZONDERE EIGENSCHAPPEN: de reusachtige, nectarrijke bloemschermen worden graag door bijen, hommels en vlinders bezocht.

ANDERE SOORTEN: *E. purpureum* 'Atropurpureum', het purper leverkuid (syn. *A. fistulosum*) wordt tot 180 cm hoog. Naast de wijnrode bloemhoofden vallen de purperrode stengels op. De wijnrood bloeiende 'Purple Blush' blijft met 140 cm kleiner. Het bijzondere aan *E. rugosum* 'Chocolate' (nu *Ageratina altissima* genaamd) is de combinatie van bruin blad met witte bloemen (100 cm).

Euphorbia polychroma
Kleurige wolfsmelk

Standplaats:
☼

Toepassing:
B F S

Eigenschappen:
⟿ !

FAMILIE: Wolfsmelkfamilie *(Euphorbiaceae)*

HERKOMST: de kleurige of veelkleurige wolfsmelk komt uit het zuidoosten van Europa.

GROEI: 30–40 cm hoog; rijk vertakt, polvormig, breidt zich kussenvormig uit door de vertakte wortelstok.

BLAD EN BLOEMEN: smal lancetvormig, zacht behaard; donkergroen, in de herfst opvallend rood. De kleine onopvallende bloemen worden omgeven door stralend gele schutbladen, die zich op hun beurt in schermvormige bloemhoofden bevinden. Bloeitijd mei tot juni, maar het kleureffect van de schutbladen houdt langer aan.

STANDPLAATS: zonnig en warm; matig droge, doorlatende, kalkhoudende bodem.

TOEPASSING: deze zonaanbidder is geschikt voor het laten begroeien van hellingen en voor borderranden. Hij staat graag in de warmte van een muur op het zuiden en is een verrijking van elke rotstuin.

VERMEERDERING: in het voorjaar na de bloei delen of stekken. Hij kan in de herfst of het voorjaar gezaaid worden.

BIJZONDERE EIGENSCHAPPEN: het wolfsmelkgewas bevat giftig melksap dat de huid irriteert en dat bij de geringste verwonding uit de plant loopt. Voor kleine kinderen en huisdieren kan dit gevaarlijk zijn. Bij het werken met de plant is het dragen van handschoenen aan te raden.

AANBEVOLEN CULTIVARS: bijzonder aan 'Purpurea' is de combinatie van de felgele schutbladen met de roodachtig gekleurde bladeren.

ANDERE SOORTEN: de kruipende wolfsmelk *(E. myrsinites)* vormt dichte, met helgele bloemschermen bezaaide zoden. Deze rotsplant groeit goed op droge muren.

Festuca glauca
Blauw schapegras

Standplaats:
☼

Toepassing:
S F

Eigenschappen:

FAMILIE: Grassenfamilie *(Poaceae)*

HERKOMST: het gras komt van nature voor van het zuidoosten van Frankrijk tot het noordwesten van Italië.

GROEI: 20 cm hoog (met bloemen 35 cm); halfronde pollen, niet woekerend.

BLAD EN BLOEMEN: smal lijnvormig, grasachtig, groenblijvend; grijsblauw tot blauwgroen. De bloemen zitten in blauwgroene, later lichtbruine pluimen. Bloeitijd juni tot juli.

STANDPLAATS: zonnig en warm; voedselarme, doorlatende, droge, ook kalkhoudende bodem.

TOEPASSING: een compacte grassoort voor de rotstuin, die in rotsspleten en grintborders gedijt. Een aantal planten groeit snel aan elkaar tot een groen kleed. Deze groenblijvende vaste plant is geschikt voor omlijstingen evenals voor de beplanting van kuipen en graven.

VERZORGINGSTIP: Als u de bloeiende pluimen verwijdert, worden de bladpollen krachtiger van kleur.

VERMEERDERING: in het voorjaar delen. Op een passende standplaats zaait de plant zichzelf rijkelijk uit.

AANBEVOLEN CULTIVARS: 'Frühlingsblau' valt op door zijn staalblauwe blad, 'Glaucantha' blijft met een hoogte van 10 cm zeer laag. 'Silbersee' is met zijn zilverachtig witte halmen iets bijzonders.

ANDERE SOORTEN: *F. mairei* wordt met 60 cm hoge pollen duidelijk groter. Zijn smalle, grijsgroene blad is overhangend en biedt ook in de winter nog een fraaie aanblik.

Filipendula rubra
Spirea

Standplaats:
☼ – ◑

Toepassing:
W B

Eigenschappen:
👃 ✂

FAMILIE: Rozenfamilie *(Rosaceae)*

HERKOMST: de plant is afkomstig uit Noord-Amerika. Daar is hij bekend onder de naam 'Queen of the Prairie'.

GROEI: 150 cm hoog; losjes opgaand, polvormig.

BLAD EN BLOEMEN: handvormig gedeeld, enkele bladeren zijn aan de bladrand dubbel gezaagd, rafelig; donkergroen. De kleine roze bloemen zitten in gevederde pluimen. Bloeitijd juli tot augustus.

STANDPLAATS: zon of halfschaduw; voedselrijke, leemachtige, matig vochtige tot vochtige bodem.

TOEPASSING: een solitairplant voor aan de rand van een vijver of waterloop, die het zelfs op een moerasachtige plek goed doet. Bij voldoende vochthoudende grond groeit hij ook in de border en de borderrand.

VERMEERDERING: cultivars in het voorjaar delen of tot in de zomer door stekken vermeerderen. Soorten kunt u in het voorjaar ook zaaien.

BIJZONDERE EIGENSCHAPPEN: na de aangenaam ruikende bloemen komen de decoratieve, bruinachtige zaaddozen. Vroeger werden de bloemen van de moerasspirea *(F. ulmaria)* als zoetstof voor honingwater gebruikt.

AANBEVOLEN CULTIVARS: 'Venusta' straalt met roze bloempluimen. De donkerrood bloeiende 'Nana' blijft met 30 cm zeer compact.

ANDERE SOORTEN: *F. vulgaris* 'Plena' valt op door zijn bloemhoofden met witte, gevulde bloemen. Knolspirea *(F. vulgaris)* wordt slechts 40 cm hoog, houdt van droge, zonnige plaatsen zoals de rotstuin en is geschikt als snijbloem.

Fragaria-Hybride *'Pink Panda'*
Aardbei

Standplaats:

☀ – ☼

Toepassing:

G

Eigenschappen:

FAMILIE: Rozenfamilie *(Rosaceae)*

HERKOMST: uit kweek. De cultivar is een kruising tussen de bosaardbei *(F. vesca)* en de ganzerik *(potentilla)*.

GROEI: 10–15 cm hoog; dichte matten vormend.

BLAD EN BLOEMEN: driedelig, licht zilverachtig behaard, getand, groenblijvend; glanzend donkergroen. Roze, komvormige bloemen. Bloeitijd juni tot september.

STANDPLAATS: halfschaduw en koel, ook zonnig; voedsel- en humusrijke, zandig leemachtige, vochtige bodem.

TOEPASSING: de 'roze bloeiende aardbei' is zeer veelzijdig. Als groenblijvende bodembedekker onder bomen en struiken bedekt hij snel kale plekken met groen. Bovendien is hij geschikt voor omlijstingen en om graven mee te beplanten. In een plantenbak of hanging basket kunt u de plant ook op het balkon of het terras houden.

Verzorgingstip: bemesten met organische mest in het voorjaar stimuleert de groei.

Vermeerdering: aardbeien kunnen van de zomer tot de herfst door uitlopers vermeerderd worden. Deze spreidt u op de grond of in potten uit zodat er wortels ontstaan. De bewortelde loten komen dan op hun uiteindelijke plaats.

Bijzondere eigenschappen: na de bloei vormen zich kleine rode, zeer smakelijke vruchten.

Aanbevolen cultivars: 'Rumba' bloeit stralend roze, 'Samba' donkerroze.

Andere soorten: voor wie van bont blad houdt, is de bosaardbei 'Variegata' *(F. vesca)* met zijn groenwit bontgekleurde blad de juiste keus.

Gaillardia x grandiflora 'Kobold'

Kokardebloem

Standplaats:
☼

Toepassing:
B

Eigenschappen:

FAMILIE: Samengesteldbloemigen *(Asteraceae)*

HERKOMST: uit kweek. De oervorm is afkomstig uit Noord-Amerika.

GROEI: 20–25 cm hoog; bossig, compact.

BLAD EN BLOEMEN: grondbladen meestal geveerd, stengelbladen langwerpig, sterk behaard; hardgroen. Grote bloemhoofden met rode, naar de rand toe geel gekleurde straalbloemen en donkerrode schijfbloemen in het hart. Bloeitijd juli tot september.

STANDPLAATS: zonnig en warm; voedselrijke, zandig leemachtige, goed gedraineerde, matig vochtige bodem.

TOEPASSING: een kleurentopper voor borders en borderranden, die ook zonnige plekken voor donkere bomen verlevendigt. De vaste plant is goed te combineren, bijvoorbeeld met fijnstraal, meisjesogen, ridderspoor, rode rudbeckia of salvia. Hij is geschikt voor plantenbakken, hogere cultivars ook als snijbloem.

VERZORGINGSTIP: de vaste plant gedurende het seizoen regelmatig bemesten, zodat hij ook het volgende jaar weer flink bloeit. Na de bloei stevig terugsnoeien en gedurende de winter met dennentakken of iets dergelijks afdekken.

VERMEERDERING: in het voorjaar in afzonderlijke, reeds bewortelde stengels delen of zaaien.

BIJZONDERE EIGENSCHAPPEN: de plant leeft niet erg lang, maar bloeit wel de hele zomer.

AANBEVOLEN CULTIVARS: 'Bremen' heeft eveneens roodgele bloemen, 'Burgunder' daarentegen effen wijnrode. 'Fackelschein' is een mengsel van roodgeel bloeiende planten. De genoemde cultivars worden 50–60 cm hoog en zijn uitstekende snijbloemen.

Galanthus nivalis
Sneeuwklokje

Standplaats:

Toepassing:

G

Eigenschappen:

FAMILIE: Narcisachtigen *(Amaryllidaceae)*

HERKOMST: het kleine sneeuwklokje is inheems in Midden- en Zuid-Europa en is een beschermde plant. In het wild komt hij tot in de Kaukasus voor.

GROEI: 15 cm hoog; uit elk bolletje ontwikkelen zich twee tot drie blaadjes, door zichzelf uit te zaaien en door bolknoppen verwildert de plant snel en vormt dichte groepen.

BLAD EN BLOEMEN: smal lijnvormig, tot 20 cm lang, sterft kort na de bloei af; blauwgroen. Aan elke steel hangt een wit klokvormig bloempje, de binnenste bloemblaadjes zijn met groen afgezet. Bloeitijd februari tot maart.

STANDPLAATS: halfschaduw, koel; humusrijke, vochtige bodem.

TOEPASSING: sneeuwklokjes kondigen de lente aan, in de tuin, als potplant of in kleine boeketjes. Ze vormen dichte, brede bloemtapijten onder bomen.

VERZORGINGSTIP: deze vaste plant, die weinig eisen stelt, wil het liefste met rust gelaten worden. Hij kan van de nazomer tot de herfst geplant worden, op een diepte van ongeveer 10 cm.

VERMEERDERING: grote groepen direct na de bloei, als het blad nog groen is, delen. Aanwezige bolknoppen kunnen dan gemakkelijk losgemaakt worden. U kan ook de zaaddozen oogsten of wachten tot de plant zichzelf uitzaait.

SPECIALE AANWIJZINGEN: alle onderdelen van de plant zijn enigszins giftig; bij consumptie treedt indigestie op, aanraken van de bolletjes kan tot huidirritatie leiden.

AANBEVOLEN CULTIVARS: 'Plenus' heeft gevulde bloemen.

ANDERE SOORTEN: *G. elwesii,* het groot sneeuwklokje, bloeit wat vroeger en groeit ook op een drogere bodem, bijvoorbeeld in de rotstuin.

Gentiana sino-ornata
Herfstgentiaan

Standplaats:

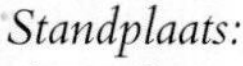

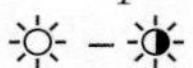

Toepassing:

Eigenschappen:

FAMILIE: Gentiaanfamilie *(Gentianaceae)*

HERKOMST: de soort is afkomstig uit West-China. Hij is ook bekend onder de naam Chinese herfstgentiaan.

GROEI: 15 cm hoog; vormt met liggende stengels dichte gazonachtige zoden.

BLAD EN BLOEMEN: smal lijnvormig, spits toelopend; frisgroen. De trechtervormige bloemen zitten afzonderlijk aan het uiteinde van de stengel en zijn stralend azuurblauw. De bloemblaadjes hebben aan de buitenkant fijne, geelgroene streepjes. Bloeitijd september tot oktober.

STANDPLAATS: zon of halfschaduw; humusrijke, vochtige, maar waterdoorlatende, zure, ook vlakke bodem.

TOEPASSING: een plant voor de liefhebber, die in rotstuin en alpinum, in rotsweiden en in plantenbakken groeit. De plant is een goede keus voor de veenborder, bijvoorbeeld in combinatie met rododendrons.

VERZORGINGSTIP: deze veeleisende vaste plant houdt niet van nattigheid in de winter. Het is aan te bevelen hem af te dekken tegen de vorst.

VERMEERDERING: vers zaad direct in de herfst zaaien (koude kas) of grotere planten in de winter delen. Van de lente tot de zomer kunt u stekken afnemen.

AANBEVOLEN CULTIVARS: 'Alba' bloeit wit, 'Praecox' donkerblauw en ongeveer drie weken eerder dan de soort.

ANDERE SOORTEN: de zomergentiaan *(G. septemfida var. lagodechiana)* uit het oostelijke Kaukasusgebied bloeit van juli tot september met violetblauwe bloemen en is een mooie aanvulling op de herfstgentiaan. Hij wordt tot 30 cm hoog en heeft het liefst een kalkhoudende bodem.

Geranium x magnificum
Ooievaarsbek

Standplaats:

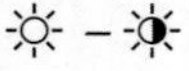

Toepassing:

B F G

Eigenschappen:

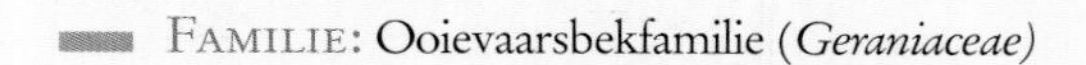

FAMILIE: Ooievaarsbekfamilie (*Geraniaceae)*

HERKOMST: uit kweek. Een kruising tussen *G. ibericum* en *G. platypetalum*, die voorkomen van de Kaukasus tot in Iran.

GROEI: 50 cm hoog; bossige, sterke, halfronde vorm.

BLAD EN BLOEMEN: rondachtig, gelobd; donkergroen, in de herfst oranjegeel tot felrood gekleurd, met een kruidige geur. De donkerpaarse, komvormige bloemen met hun donkere nerven zitten in trosachtige bloemhoofden. Bloeitijd mei tot juni.

STANDPLAATS: zon of halfschaduw; voedselrijke, doorlatende, matig droge grond.

TOEPASSING: deze snelgroeiende vaste plant wordt aanbevolen voor beplanting van grotere oppervlakten, voor randen van vaste-plantenborders of voor zones voor en tussen bomen. Als u ze dicht bij elkaar in groepen plant, is een kale plek in een oogwenk begroeid. De bloemen blijven bovendien lang goed in de vaas.

Verzorgingstip: in de winter tot vlak boven de grond terugsnoeien.

Vermeerdering: in de periode voor of na de bloei kunt u de planten delen, in het voorjaar kunnen ze ook gezaaid worden.

Bijzondere eigenschappen: door zijn decoratieve, geurige blad en de opvallende herfstkleur is deze ooievaarsbek ook buiten de bloeitijd een sieraad.

Andere soorten: *G. x cantabrigiense* 'Biokovo' is een snelgroeiende bodembedekker, met roze-witte bloemen die van mei tot juli verschijnen (20 cm). *G. macrorrhizum* groeit ook op droge grond. De zachtroze bloemen die hij vroeg in de zomer krijgt geuren bovendien lichtjes (25 cm). De bloedooievaarsbek *(G. sanguineum)* doet zijn naam eer aan door zijn karmijnrode bloemen en rode herfstkleur.

Geranium-pratense-hybride 'Johnson's Blue'
Beemdooievaarsbek

Standplaats:

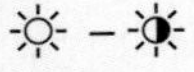

Toepassing:

B F G W

Eigenschappen:

FAMILIE: Ooievaarsbekfamilie *(Geraniaceae)*

HERKOMST: uit kweek. De in Europa inheemse soort is verspreid tot in Siberië en Midden-Azië.

GROEI: 50 cm hoog; bossig, halfrond.

BLAD EN BLOEMEN: fijn, diep ingesneden; hardgroen. Violetblauw met een fel purperkleurig oog. Bloeitijd juni tot juli-augustus.

STANDPLAATS: zon of halfschaduw; voedselrijke, doorlatende, kalkhoudende, matig vochtige grond.

TOEPASSING: met zijn natuurlijke uitstraling past deze vaste plant uitstekend in tuinen met een landelijke charme. Daar groeit hij aan de open bosrand, voor en tussen bomen en struiken, en aan de rand van een tuinvijver of waterloop.

VERZORGINGSTIP: in de winter stevig terugsnoeien.

Vermeerdering: in de periode voor of na de bloei kunt u de planten delen, in het voorjaar ook zaaien.

Aanbevolen cultivars: 'Album' bloeit wit, 'Mrs. Kendall Clarke' licht- tot violetblauw, soms met witte aderen. De witte bloemen van 'Striatum' zijn opvallend violet gestreept. Er zijn ook gevulde cultivars.

Andere soorten: *G. renardii* is zeer geschikt voor de voorgrond van een borderranden of voor omlijstingen. Hij groeit bossig compact met een hoogte van 30 cm. Naast zijn tere witte bloemen met violette aderen is het diep gelobde, grijsgroene blad een echte blikvanger. De cultivar 'Philippe Vapelle' heeft grotere, hard blauwviolette, eveneens geaderde bloemen.

Glechoma hederacea 'Variegata'
Hondsdraf

Standplaats:

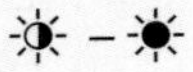

Toepassing:

Eigenschappen:

FAMILIE: Lipbloemigen *(Lamiaceae)*

HERKOMST: de wilde, in Europa inheemse vorm is een beschermde plant. 'Variegata' is een vorm met witbont blad.

GROEI: 15 cm hoog; breidt zich door uitlopers tot tapijten uit, sterk groeiend.

BLAD EN BLOEMEN: rond, aan de basis hartvormig, aan de rand gekerfd, kruidig geurend; 'Variegata' heeft vooral aan de rand een witte tekening, bij de soort is het blad donkergroen. De sierlijke, blauwviolette bloemen zitten aan opgaande spiralen en verspreiden een aangename geur. Bloeitijd van april tot juni.

STANDPLAATS: halfschaduw tot schaduw; voedsel- en humusrijke, vochtige grond.

TOEPASSING: snelgroeiende bodembedekker voor een schaduwrijke plek in de tuin, die ook muren of rekken overwoekert. Het is belangrijk dat hij genoeg ruimte krijgt. Hij is mooi in combinatie met astilbe of vingerhoedskruid. De cultivar

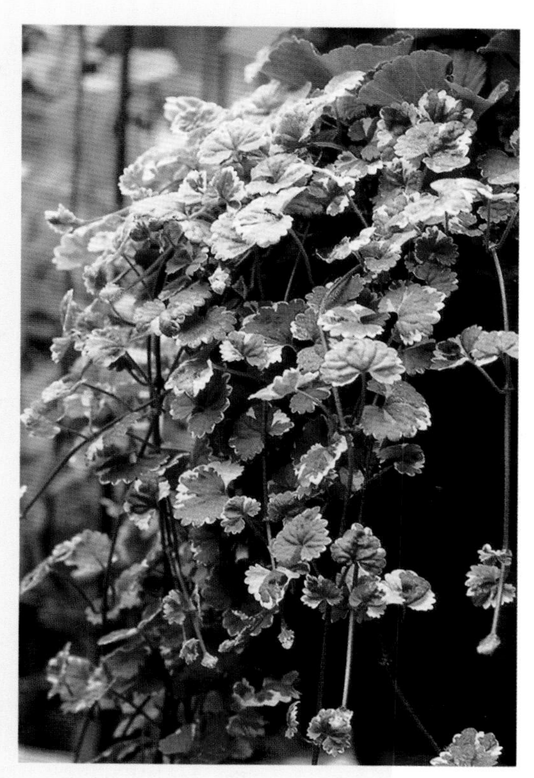

'Variegata' is ook zeer populair als hangende bladplant voor balkonbakken en hanging baskets.

VERZORGINGSTIP: wanneer de hondsdraf te zeer woekert, kunt u hem in toon houden door hem af te steken. De aarde mag nooit uitdrogen, want dan wordt het blad snel bruin. Dat geldt met name voor plantenbakken, waarin geen water uit diepere bodemlagen aangevuld wordt.

VERMEERDERING: afgestoken uitlopers wortelen snel.

BIJZONDERE EIGENSCHAPPEN: bijen en hommels houden van de bloemen. De vaste plant bevat een zwak giftige bitterstof, die vroeger als geneesmiddel gebruikt werd.

AANBEVOLEN CULTIVARS: 'Rosea' is betoverend met violetroze bloemen.

Gunnera tinctoria
Mammoetblad

Standplaats:
☼ – ◐

Toepassing:
F W

Eigenschappen:
⚠

Familie: Gunnerafamilie *(Gunneraceae)*

Herkomst: de soort is afkomstig uit Chili en staat ook bekend onder de naam *G. chilensis.* Vanwege zijn gelijkenis met de groente wordt het mammoetblad ook wel 'reuzenrabarber' genoemd.

Groei: 200 cm hoog; breed bossig, sterk groeiend.

Blad en bloemen: enorm groot met een doorsnede tot 150 cm, rondachtig, diep gelobd, ruw, aan de rand sterk getand; donkergroen. De roodbruine bloemen zitten aan opgaande, kegelvormige kolven, die zich op hun beurt onder de bladeren 'verstoppen'. Bloeitijd juli tot augustus.

Standplaats: zon of halfschaduw en warm; voedsel- en humusrijke, vochtige tot moerasachtige bodem.

Toepassing: een opvallende solitairplant met decoratief blad, die vooral voor grote tuinen geschikt is. Daar groeit hij graag aan de rand van een vijver of waterloop. Hij is mooi in combinatie met bamboe, leverkruid of pluimpapaver.

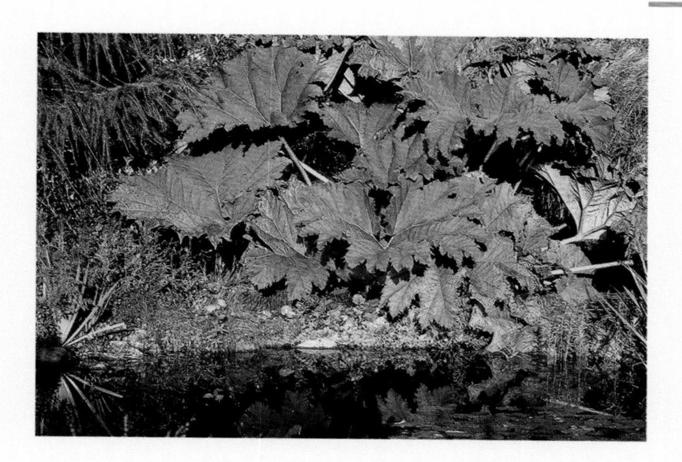

VERZORGINGSTIP: na de snoei in de herfst moet de basis van de plant met een mulchlaag tegen de vorst beschermd worden. Vooral late vorst is zeer gevaarlijk voor de jonge stengels.

VERMEERDERING: in het voorjaar voor het begin van de groei delen.

BIJZONDERE EIGENSCHAPPEN: de groene bladeren vormen een sterk contrast met de roodachtige stelen. Na de bloemen komen kogelronde groene met rood overgoten vruchten.

ANDERE SOORTEN: *G. manicata* uit het zuiden van Brazilië is even indrukwekkend als zijn familielid.

Gypsophila paniculata
Bruidssluier

Standplaats:
☼

Toepassing:
B F S

Eigenschappen:

Familie: Anjerfamilie *(Caryophyllaceae)*

Herkomst: de soort, die ook wel gipskruid wordt genoemd, komt voor van het zuidoosten van Europa tot in de Kaukasus, Siberië en Centraal-Azië. Gipskruid is eigenlijk de naam van een verwante, kleinere soort *(G. muralis)*.

Groei: 100 cm hoog; los bossig, rond, met sterk vertakte tere stengels, stevige penwortel.

Blad en bloemen: smal lancetvormig; grijsgroen. De kleine, gevulde witte of roze bloemen zitten in losse pluimen, die als een sluier over het blad liggen. Bloeitijd juli tot september.

Standplaats: zonnig, droog en warm, de vaste plant is gevoelig voor vocht; doorlatende, losse, diepe, matig droge, ook kalkrijke bodem.

Toepassing: vaste plant met ragfijn blad voor borders en borderranden, die een mooie overgang tussen de grote, felgekleurde bloemen van de hem omringende planten vormt. Daarom is hij een goede partner voor sierplanten of rozen. Hij is zeer populair als snij- en droogbloem, en staat ook fraai in een kuip.

VERZORGINGSTIP: indien u niet regelmatig takken afknipt voor in de vaas, zorgt snoeien na de eerste bloei voor een tweede bloei.

VERMEERDERING: laat in de winter of vroeg in het voorjaar zaaien of delen. Van april tot mei afgeknipte en in huis of in de kas gecultiveerde stekken wortelen goed.

AANBEVOLEN CULTIVARS: de grootbloemige 'Bristol Fairy' heeft witte, gevulde bloemen (100 cm); 'Compacta Plena' eveneens, wordt echter slechts 20 cm hoog en is geschikt voor de rotstuin. 'Flamingo' (120 cm) is betoverend met roze gevulde bloemen.

ANDERE SOORTEN: kruipend gipskruid *(G. repens)* wordt afhankelijk van de cultivar 10–30 cm hoog en bloeit roze.

Hakonechloa macra
Japans siergras

Standplaats:

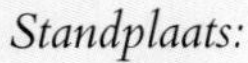

Toepassing:

B W G

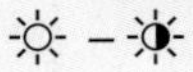

Eigenschappen:

FAMILIE: Grassenfamilie *(Poaceae)*

HERKOMST: zoals de naam al doet vermoeden, komt dit gras uit Japan. Het geslacht heeft maar één soort.

GROEI: 30 cm hoog; gazonachtig, langzaam groeiend.

BLAD EN BLOEMEN: langwerpig lancetvormig, gebogen; frisgroen, in de herfst bronskleurig. Onopvallende aren. Bloeitijd augustus tot oktober.

STANDPLAATS: zon of halfschaduw, warm; humusrijke, matig vochtige grond.

TOEPASSING: het gazonachtige gras is ideaal voor omlijstingen. Het staat goed aan de rand van een vijver of waterloop en in de lichte schaduw van bomen. Het hoort uiteraard in elke Japanse tuin thuis. Als solide kuipplant kan hij ook op het balkon of op het terras staan.

VERZORGINGSTIP: bescherming in de winter is aan te bevelen voor zowel geplante exemplaren als voor kuipplanten. Het gras verdraagt geen wateroverlast.

VERMEERDERING: de pollen kunnen in het voorjaar gedeeld worden.

AANBEVOLEN CULTIVARS: 'Aureola' onderscheidt zich van de soort door het geel gestreepte blad. De cultivar is bijzonder geschikt voor toepassingen in de halfschaduw, waaraan hij door zijn lichte blad kleur geeft.

ANDERE SOORTEN: het Japanse bloedgras *(Imperata cylindrica)* valt op door zijn halmen, die tot in de winter dieprood zijn. Het gras vormt smalle, 50 cm hoge pollen en moet in de winter beschermd worden. In cultuur is de cultivar 'Rubra' (syn. 'Red Baron').

Helenium-Hybride
Zonnekruid

Standplaats:
☼

Toepassing:
B

Eigenschappen:
✂ **!**

FAMILIE: Samengesteldbloemigen *(Asteraceae)*

HERKOMST: uit kweek. De wilde soorten komen vaak voor in het zonnige Californië.

GROEI: 80–150 cm hoog, afhankelijk van de cultivar; opgaand, bossig.

BLAD EN BLOEMEN: langwerpig lancetvormig; donkergroen. De straalbloemen zijn wielvormig om een opvallend, uit schijfbloemen bestaand hart gerangschikt; de tinten van de cultivars lopen uiteen van goudgeel tot roodbruin, soms zijn ze ook tweekleurig. Bloeitijd juli tot september.

STANDPLAATS: zonnig, droog; voedsel- en humusrijke, matig vochtige grond zonder stagnerend water.

TOEPASSING: een typische structuurplant voor borders en borderranden, die ook uitstekend geschikt is als snijbloem. Hij is mooi in combinatie met aster, duizendblad, flox, ridderspoor, rudbeckia of hoge siergrassen. Bovendien kunt u de verschillende cultivars goed met elkaar combineren.

VERZORGINGSTIP: door de plant elke drie à vier jaar te delen verjongt hij zich. Van de herfst tot laat in de winter wordt de vaste plant tot op de grond teruggesnoeid.

VERMEERDERING: in het voorjaar delen of vlak bij de grond stekken afsnijden.

BIJZONDERE EIGENSCHAPPEN: de bloemen worden voortdurend door bijen en andere insecten bezocht. Mensen die er gevoelig voor zijn kunnen bij aanraking een allergische huidreactie krijgen.

AANBEVOLEN CULTIVARS: de gele bloemen van 'Goldrausch' stralen al van verre (140 cm). 'Moerheim Beauty' bloeit vroeg en rijkelijk met koperkleurige bloemen (80 cm), de rode 'Mahagoni' pas vanaf augustus (90 cm). Een opvallend kenteken zijn de gele toppen van de straalbloemen.

Helianthemum-Hybride 'Lawrenson's Pink'

Zonneroosje

Standplaats:

Toepassing:

F S

Eigenschappen:

FAMILIE: Zonneroosjesachtigen *(Cistaceae)*

HERKOMST: uit kweek. De wilde soorten komen voor in Europa, Klein-Azië en Noord-Afrika.

GROEI: 20 cm hoog; bossig, liggend.

BLAD EN BLOEMEN: langwerpig ovaal; aan de bovenkant donkergroen, aan de onderkant grijs. De komvormige enkele bloemen vormen losse trosjes; bij 'Lawrenson's Pink' zijn ze roze met een oranje hart, andere cultivars zijn er in gele, roze, rode of witte tinten. Bloeitijd juni tot augustus.

STANDPLAATS: zonnig, warm en droog; doorlatend, matig droge, kalkhoudende, ook oppervlakkige bodem.

TOEPASSING: een ideale 'zonplant' voor de omlijsting van terrassen en paadjes, ter versteviging van open bermen, voor rotstuinen en grintborders en voor kuipen en bakken. Hij is mooi in combinatie met andere zodenvormende vaste planten, zonminnende grassen of dwergheesters.

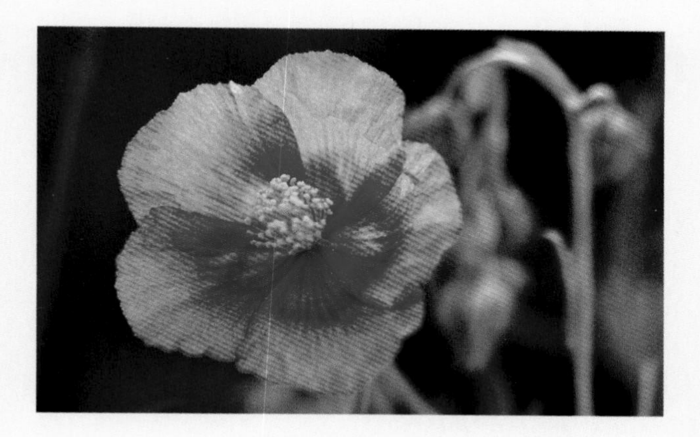

VERZORGINGSTIP: als de plant vormeloos wordt, kunt u hem na de bloei terugsnoeien. Hij moet tegen felle winterzon beschermd worden.

VERMEERDERING: in de zomer genomen groenstekken wortelen goed.

BIJZONDERE EIGENSCHAPPEN: het zonneroosje is een halfheestertje, waarbij de basis van de stengels verhout. Daaruit ontwikkelen zich ieder jaar nieuwe kruidige stengels.

AANBEVOLEN CULTIVARS: de keuze aan cultivars is groot; zo bloeit 'Sterntaler' stralend geel, 'Gelbe Perle' is fel citroengeel met gevulde bloemen. De gevulde bloemen van 'Rubin' zijn robijnrood, 'Wisley White' daarentegen stralend wit.

Helleborus orientalis

Oosters nieskruid

Standplaats:

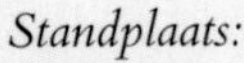

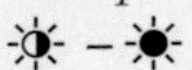

Toepassing:

G

Eigenschappen:

FAMILIE: Ranonkelachtigen *(Ranunculaceae)*

HERKOMST: de ook als kerstroos bekend staande soort stamt uit het zuidoosten van Europa en de Kaukasus.

GROEI: 30 cm hoog; breidt zich door uitlopers polvormig uit.

BLAD EN BLOEMEN: handvormig gedeeld, leerachtig ruw, groenblijvend; donkergroen, glanzend. De grote, knikkende komvormige bloemen staan alleen aan het einde van de stengels en zijn bij de soort groenachtig wit; Hybride cultivars zijn er in uiteenlopende tinten wit, roze of rood. Bloeitijd februari tot april.

STANDPLAATS: halfschaduw tot schaduw; voedsel- en humusrijke, vochtige, kalkhoudende grond.

TOEPASSING: deze vaste plant, die van oorsprong een bosplant is, biedt tussen en voor bomen een bijzonder schouwspel. Hij heeft graag varens, schaduwgrassen of primula's als buren. De kleine plant is ook als potplant of snijbloem zeer geliefd.

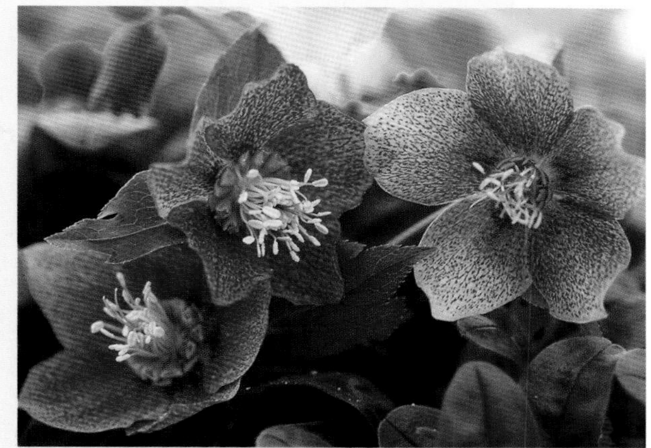

VERZORGINGSTIP: de robuuste, vorstbestendige hybriden groeien ook op een koele, schaduwrijke plek.

VERMEERDERING: na de bloei delen of vers zaad zaaien. De vaste plant zaait zichzelf ook rijkelijk uit.

BIJZONDERE EIGENSCHAPPEN: consumptie kan tot misselijkheid leiden en het aanraken van het plantensap kan huidirritatie tot gevolg hebben.

AANBEVOLEN CULTIVARS: 'Spotted Hybrids' is een mengsel van zaailingen met van binnen gespikkelde bloembladen.

ANDERE SOORTEN: de bekende witte kerstroos *(H. niger)* bloeit al vanaf december. Hij houdt wat meer van droogte dan zijn familieleden en is ook geschikt voor uit de zon gelegen delen van de rotstuin. De roodpurperen bloemen van *H. purpurascens* zijn van februari tot april een blikvanger.

Hemerocallis-Hybriden
Daglelie

Standplaats:

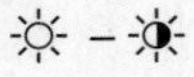

Toepassing:

B W

Eigenschappen:

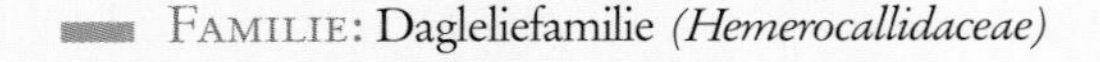

FAMILIE: Dagleliefamilie *(Hemerocallidaceae)*

HERKOMST: uit kweek. Vele cultivars zijn afkomstig uit de Verenigde Staten, het centrum van de Hemerocallis-teelt.

GROEI: 40–100 cm hoog, afhankelijk van de cultivar; breed polvormig.

BLAD EN BLOEMEN: smal riemvormig, stevig, gebogen; hardgroen. trechtervormige bloemen, afhankelijk van de cultivar in gele, oranje, roze en rode tinten. Het assortiment omvat groot- en kleinbloemige, ook geurende cultivars. Bloeitijd juni tot september.

STANDPLAATS: zonnig, ook halfschaduw; voedselrijke, matig vochtige tot vochtige grond zonder wateroverlast.

TOEPASSING: kleurrijke sierplant voor borders en borderranden, die ook graag in de nabijheid van een vijver staat. U moet de planten niet te dicht bij elkaar planten (60–90 cm), aangezien ze zeer bossig worden. Vooral de lage cultivars zijn geschikt als kuipplanten, de hoge zijn goede snijbloemen.

VERZORGINGSTIP: deze weinig eisen stellende vaste plant staat graag jarenlang op dezelfde plaats. Af en toe bemesten wordt beloond met een rijkelijke bloei.

VERMEERDERING: de wortelstok delen na de bloei, of nog beter: aan het begin van de lente.

AANBEVOLEN CULTIVARS: het is moeilijk een keuze te maken uit het enorme assortiment. De kleinbloemige, citroengele 'Corky' is een bekende standaardcultivar met een zeer lange bloeitijd. 'Stella de Oro' wordt slechts ongeveer 40 cm hoog. Zijn oranjegele bloemen geuren lichtjes.

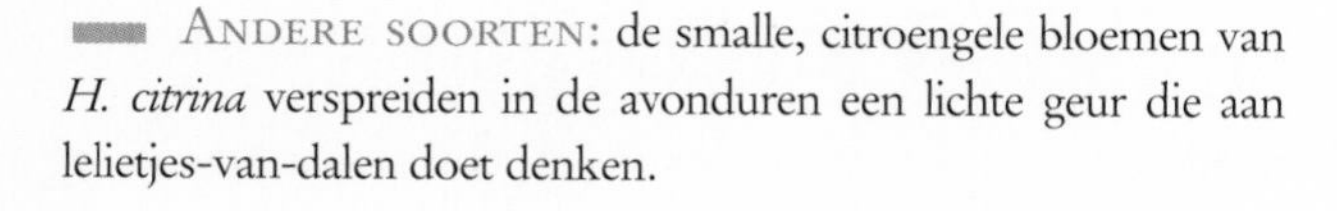

ANDERE SOORTEN: de smalle, citroengele bloemen van *H. citrina* verspreiden in de avonduren een lichte geur die aan lelietjes-van-dalen doet denken.

Heuchera americana 'Green Spice'

Purperklokje

Standplaats:

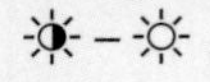

Toepassing:

B F G S

Eigenschappen:

FAMILIE: Steenbreekachtigen *(Saxifragaceae)*

HERKOMST: uit kweek; de cultivar is ook bekend als 'Eco Improved'. De soort is afkomstig uit Noord-Amerika.

GROEI: 60 cm hoog; bossige bladrozetten, door uitlopers lage, dichte zoden vormend.

BLAD EN BLOEMEN: breed hartvormig, meervoudig gelobd, halfwintergroen; grijszilverachtig met purperkleurige nerven. De kleine roomwitte bloemklokjes zitten in pluimen aan het eind van de ruige bloempluimen. Ze zweven als wolken boven het blad. Bloeitijd mei tot juni.

STANDPLAATS: staat het liefst in de halfschaduw, ook zonnig; voedsel- en humusrijke, goed gedraineerde, matig vochtige grond.

TOEPASSING: decoratieve blad- en bloemenplant voor borders en borderranden in de halfschaduw, voor heesters, uit de zon gelegen delen van de rotstuin of kuipen. Blad en bloemen zijn beide geschikt voor boeketten.

VERZORGINGSTIP: de pollen regelmatig delen, zodat ze hun groei- en bloeikracht niet verliezen. In de herfst verdroogd blad en uitgebloeide bloemen verwijderen.

VERMEERDERING: in het voorjaar delen of zaaien, waarbij cultivars uit zaad er in het algemeen verschillend uitzien.

ANDERE SOORTEN: de groenblijvende *H. micrantha* 'Palace Purple' kenmerkt zich door purperbruin blad met een bronskleurige, metaalachtige glans. Zijn roodachtig witte bloemklokjes verschijnen van juli tot augustus. De plant is dan 80 cm hoog. Uit kruisingen van verschillende soorten zijn talrijke hybriden voortgekomen. 'Red Spangles' met zijn scharlakenrode bloempluimen is er een van, 'Schneewittchen' bloeit wit (beide 50 cm hoog).

Hosta-Hybride 'Hadspen Blue'
Hosta

Standplaats:

Toepassing:

Eigenschappen:

FAMILIE: Hosta-achtigen *(Hostaceae)*

HERKOMST: uit kweek. De meeste soorten van het geslacht komen uit China, Japan en Korea.

GROEI: 20 cm hoog; polvormig, langzaam groeiend, de bloemen steken rechtop uit het loof omhoog.

BLAD EN BLOEMEN: laag, hartvormig; blauwgrijs, opvallend dicht geaderd. De lichtpaarse, trompetvormige bloemen zitten opeen in trossen. Bloeitijd juni tot juli.

STANDPLAATS: halfschaduw; voedsel- en humusrijke, vochtige, echter goed doorlatende grond.

TOEPASSING: de cultivar is een decoratieve, lage bodembedekker voor gedeelten van de tuin in de halfschaduw. In kuipen of balkonbakken is de plant voor binnenplaatsen of balkons op het noorden een goede keus. Blad en bloemen verfraaien elk boeket.

VERZORGINGSTIP: een mulchlaag houdt het vocht in de bodem vast. Het blad van de hosta wordt vaak door slakken

aangetast, controleer de planten regelmatig. Het beste kunt u de plek waar de plant staat markeren, zodat u de laat uitlopende vaste planten niet bij vergissing rooit.

Vermeerdering: vroeg in het voorjaar delen, soorten kunt u ook zaaien. Als de oudere wortelstokken erg stevig zijn, een mes gebruiken.

Andere soorten: het scala aan soorten en cultivars is erg groot. 'Blue Danube' gaat door voor de blauwste hosta en wordt slechts 20 cm, *H. sieboldiana* wordt daarentegen ongeveer 60 cm hoog. De grote hartvormige bladeren van de cultivar 'Elegans' zijn blauwgrijs, daarboven verschijnen in de zomer zachtlila bloemtrossen. 'Frances Williams' vormt lichtpaarse bloemen boven grijsblauw, geelgerand loof.

Hosta 'Tardiflora'
Hosta

Standplaats:

Toepassing:

G W

Eigenschappen:

FAMILIE: Hosta-achtigen *(Hostaceae)*

HERKOMST: uit kweek. De vorm is ook onder het synoniem *H. tardiflora* zeer bekend.

GROEI: 30 cm hoog; breed polvormig, op den duur dichte groepen vormend.

BLAD EN BLOEMEN: rondachtig-lancetvormig, sterk; aan de bovenzijde glanzend donkergroen, aan de onderzijde mat. De bloemtrossen met de licht blauwviolette trechterbloemen zitten aan het eind van licht gebogen, purper getinte stelen. Bloeitijd augustus tot september.

STANDPLAATS: halfschaduw; voedsel- en humusrijke, vochtige, echter goed doorlatende grond.

TOEPASSING: een onontbeerlijke vaste plant met fraai blad voor toepassingen in de halfschaduw tussen en voor bomen, die ook graag aan de vijverrand groeit. In een kuip verfraait hij balkons, terrassen en binnenplaatsen waar weinig zon komt.

VERZORGINGSTIP: deze robuuste vaste planten breiden zich gewillig uit, als ze ongestoord kunnen groeien. Voor de rest zijn dezelfde voorwaarden van toepassing als voor de hosta 'Hadspen Blue'.

VERMEERDERING: vroeg in het voorjaar delen; oudere, stevige wortelstokken eventueel lossnijden.

AANBEVOLEN CULTIVARS: 'Halcyon' valt op door zijn grijsblauwe, berijpte blad en lichtpaarse bloemen. Deze robuuste cultivar is resistent tegen slakken.

ANDERE SOORTEN: de 'Fortunei'-groep (vroeger *H. x fortunei*) levert enkele geelgroen bontgekleurde cultivars zoals 'Fortunei Albopicta' of 'Goldstandard'. Het groene blad van 'Francee' daarentegen is smal met een witte rand.

Iberis sempervirens
Scheefkelk

Standplaats:
-☼-

Toepassing:
S

Eigenschappen:

FAMILIE: Kruisbloemigen *(Brassicaceae)*

HERKOMST: de groenblijvende scheefkelk komt van Zuid-Europa tot in Klein-Azië van nature voor.

GROEI: 15–25 cm hoog, afhankelijk van de cultivar; rijkelijk vertakt, dichte zoden vormend, verhoutende halfheester.

BLAD EN BLOEMEN: lancetvormig, ruw, groenblijvend; donkergroen. Kleine witte, stervormige bloemen vormen dichte schermen. Bloeitijd april tot juni.

STANDPLAATS: zonnig, warm en beschut tegen de wind; doorlatende, droge tot matig vochtige, kalkhoudende grond.

TOEPASSING: deze rijk bloeiende zodenvormende plant mag in geen enkele rotstuin ontbreken. Hij groeit in droge muren en op oppervlakkige rotsweiden. Hij kan borders en paadjes omlijsten of scherpe kanten van trappen overdekken. Ook voor kuipen en balkonbakken is hij zeer aan te bevelen. De witte bloemkleur vormt een harmonische overgang tussen kleurrijke buren als tulpen of borstelvlambloem.

VERZORGINGSTIP: na de eerste bloei met ongeveer een derde terugsnoeien stimuleert een nabloei in de herfst.

VERMEERDERING: van mei tot juli afgeknipte stekken schieten gemakkelijk wortel. U kunt ook jaarlijks in het voorjaar zaaien.

AANBEVOLEN CULTIVARS: 'Findel' (20 cm) en 'Snowflake' (25 cm) zijn populaire grootbloemige en zeer vorstbestendige cultivars. 'Zwergschneeflocke' blijft met 15 cm duidelijk kleiner. 'Winterzauber' (20 cm) bloeit vroeg in het jaar.

ANDERE SOORTEN: *I. saxatilis* vormt zeer lage, slechts 10 cm hoge zoden.

Inula hookeri

Alant

Standplaats:

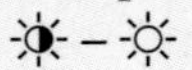

Toepassing:

B F G

Eigenschappen:

FAMILIE: Samengesteldbloemigen *(Asteraceae)*

HERKOMST: de soort is afkomstig uit de berggebieden van de Himalaya.

GROEI: 70 cm hoog; dichte pollen vormend.

BLAD EN BLOEMEN: ovaal tot lancetvormig, aan de rand licht getand, leerachtig, behaard; hardgroen. Licht geurende bloemhoofden met zeer lange en smalle gele straalbloemen en een hart van bruingele schijfbloemen. Ze zitten of alleen of in aren. Bloeitijd augustus tot september.

STANDPLAATS: halfschaduw tot zon; diepe, goed doorlatende, matig vochtige, voedselrijke bodem.

TOEPASSING: deze gemakkelijke wilde plant mag met zijn 'zonnige' uitstraling in geen enkele natuurtuin ontbreken. Door zijn grootte is hij een effectvolle achtergrondplant voor borders en borderranden.

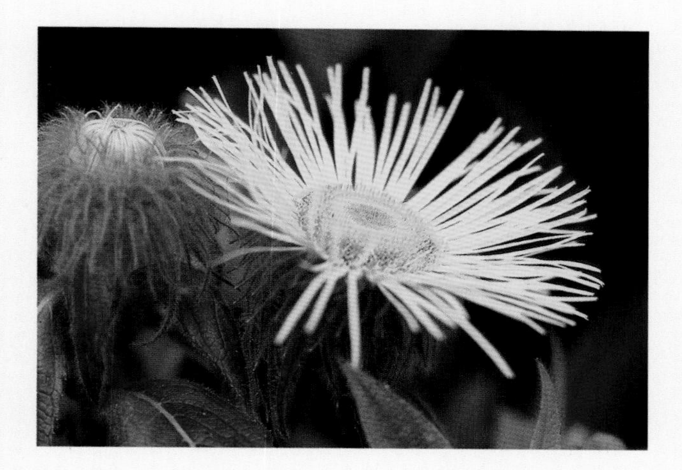

VERZORGINGSTIP: deze alant-soort doorstaat ook langere droge perioden zonder schade.

VERMEERDERING: in de lente zaaien of delen.

BIJZONDERE EIGENSCHAPPEN: de stralende bloemen met hun aangename geur hebben op bijen en andere insecten een magnetische aantrekkingskracht. In tegenstelling tot de onderstaande soorten staat *I. hookeri* bij voorkeur op een plek in de halfschaduw.

ANDERE SOORTEN: *I. ensifolia*, die door zijn compacte afmetingen van 10–20 cm beter bekend staat onder de naam dwergalant, staat graag in de volle zon en is geschikt voor rotstuinen en plantenbakken. *I. magnifica* zet met zijn hoogte van 180 cm een indrukwekkende structuurplant in de border neer.

Iris-Barbata-Hybriden
Baardiris

Standplaats:
☼

Toepassing:
B F S

Eigenschappen:

FAMILIE: Lissenfamilie *(Iridaceae)*

HERKOMST: uit kweek. De talrijke vormen van de baardiris vormen een eigen groep binnen het geslacht iris.

GROEI: 15–120 cm hoog, afhankelijk van de groep; aan de oppervlakte kruipende rizomen, bloemaren enkelvoudig of vertakt.

BLAD EN BLOEMEN: breed zwaardvormig, wintergroen; grijsgroen. De irisbloem bestaat uit drie binnenste, opstaande blaadjes en drie buitenste neerhangende blaadjes, waarop witte of gekleurde haren zitten, die de zogenaamde 'baard' vormen. In het assortiment zitten bijna alle kleurnuances behalve rood, een gedeelte is geurend. Bloeitijd april tot juli, afhankelijk van de cultivar.

STANDPLAATS: zonnig en warm; humus- en voedselrijke, droge, doorlatende, (licht) kalkhoudende grond.

TOEPASSING: prachtig voor borders en borderranden, waarbij geheel uit irissen bestaande borderranden een bijzondere bekoring hebben. Hoge en middelhoge cultivars leveren snijbloemen, lage zijn geschikt voor de rotstuin evenals voor balkonbakken of kommen.

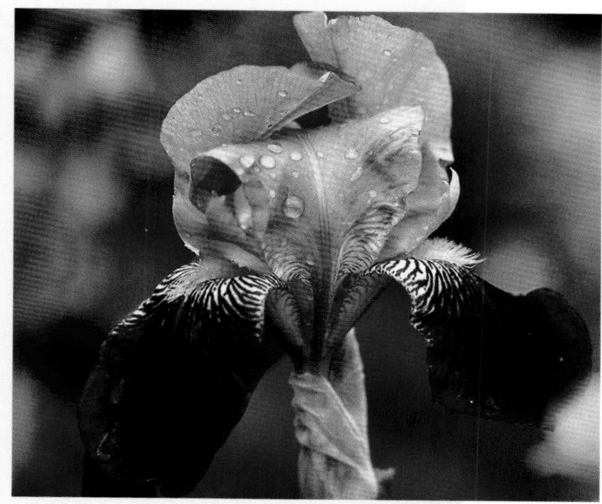

VERZORGINGSTIP: kort na het planten, na het uitlopen en direct voor de bloei een stikstofarme mest geven. Niet mulchen, omdat anders de rizomen verrotten. Baardirissen kunnen ook tegen langere periodes van droogte, bij winterse natheid moet u rekening houden met uitvallen. Planten tegen de vorst beschermen.

VERMEERDERING: na de bloei de rizomen delen en zo planten, dat de bovengrondse gedeelten vrij liggen.

BIJZONDERE EIGENSCHAPPEN: alle onderdelen van de plant zijn giftig. Het sap doet huidirritatie ontstaan, consumptie heeft ernstige misselijkheid tot gevolg.

AANBEVOLEN CULTIVARS: de collectie is onuitputtelijk. Het assortiment biedt hoge baardirissen (Iris Barbata-Elatior-groep, 70–120 cm hoog), middelhoge (Media-groep, 40–70 cm) en lage (Nana-groep, 15–40 cm).

Iris reticulata
Dwergiris

Standplaats:

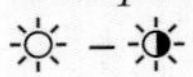

Toepassing:

S B F

Eigenschappen:

!

Familie: Lissenfamilie *(Iridaceae)*

Herkomst: de lage iris, zoals de soort ook wel genoemd wordt, is afkomstig uit Turkije, de Kaukasus, Irak en Iran.

Groei: 10–15 cm hoog; per bol worden een of twee blaadjes gevormd.

Blad en bloemen: smal zwaardvormig, geribd, 30 cm lang; grijsgroen. De opstaande bladeren zijn effen violet, de buitenste hangende bladeren zijn voorzien van een oranje middenstreep. Zacht geurend. Bloeitijd februari tot maart.

Standplaats: zon of halfschaduw, warm; zandige, doorlatende, (licht) kalkhoudende grond.

Toepassing: de kleine iris hoort in de rotstuin of het alpinum thuis, waar hij goed tussen zodenvormende planten groeit. In het begin van de lente vult hij op fraaie wijze gaten in de vaste-plantenborder op. Hij is goed voor te trekken voor in kommen en potten.

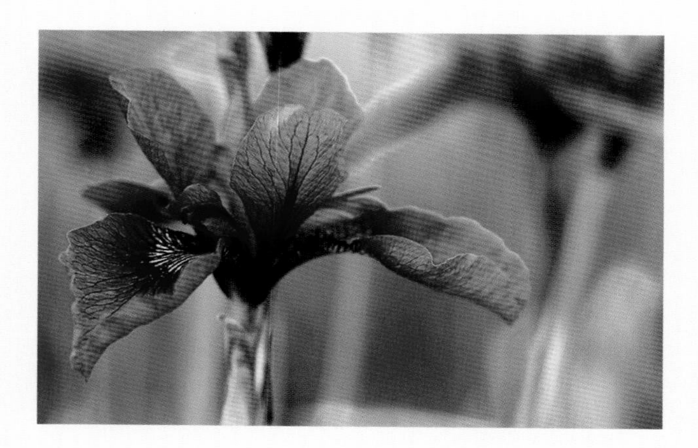

VERZORGINGSTIP: na de bloei een droogperiode aanhouden. De planten afdekken of uitgraven, schoonmaken en tot aan de herfst droog en luchtig opslaan. In koude gebieden moet de plant 's winters beschermd worden.

VERMEERDERING: in de zomer na het afsterven van het loof bolknoppen verwijderen, die zich gevormd hebben aan de moederbollen onder de netachtige huid. Deze droog en koel opslaan en in de herfst ongeveer 6–8 cm diep planten.

BIJZONDERE EIGENSCHAPPEN: alle onderdelen van de plant zijn giftig.

AANBEVOLEN CULTIVARS: 'Cantab' bloeit lichtblauw met een gele vlek op de hangende bladeren, 'J.S. Dijt' purperrood met een oranje vlek.

Kniphofia-Hybriden
Vuurpijl

Standplaats:

☼

Toepassing:

B F

Eigenschappen:

FAMILIE: Leliefamilie *(Asphodelaceae)*

HERKOMST: uit kweek. De soorten zijn overwegend uit Afrika en Madagaskar afkomstig.

GROEI: 60–100 cm hoog, afhankelijk van de cultivar; uit de bladpollen steken sterke, opgerichte bloemtrossen omhoog.

BLAD EN BLOEMEN: smal riemvormig, stevig, licht gebogen, wintergroen; donkergroen. De buisvormige bloemen zitten vlak op kaarsvormige, meestal tweekleurige aren, waarbij de gele bloemen in rood overgaan. Bloeitijd juni tot september.

STANDPLAATS: zonnig en warm, het liefst tegen wind en regen beschut; voedselrijke, matig droge, goed gedraineerde grond.

TOEPASSING: een zonaanbidder voor bonte borderranden, die ook gedijt op zuidelijke hellingen. De vaste plant groeit in kuipen op balkon of terras en is geschikt als snijbloem.

VERZORGINGSTIP: de plant gedurende de winter beschermen tegen nattigheid en strenge (droge) vorst. Hiervoor het blad samenbinden en het wortelgebied afdekken. Pas in de lente tot tweederde terugsnoeien.

VERMEERDERING: de stevige wortelstok vroeg in het voorjaar of na de bloei delen.

BIJZONDERE EIGENSCHAPPEN: de oranjerode knoppen veranderen in gele bloemen. Aangezien ze van beneden naar boven opengaan, zijn de bloemen bij de meeste cultivars tweekleurig. De plant lokt talrijke bijen en andere insecten aan.

AANBEVOLEN CULTIVARS: Royal Standard' bloeit tweekleurig geel en vuurrood (100 cm). De bloemaren van 'Alcazar' blijven effen rood, die van 'Sunningdale Yellow' geel (50 cm). De 'Bressingham'-serie verschijnt in oranje tinten (70 cm).

Lamium maculatum 'Golden Anniversary'
Gevlekte dovenetel

Standplaats:

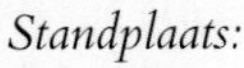

Toepassing:

G

Eigenschappen:

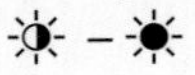

FAMILIE: Lipbloemigen *(Lamiaceae)*

HERKOMST: uit kweek. De wilde vorm, een beschermde plant, komt van nature van Europa tot Siberië voor.

GROEI: 30 cm hoog; door uitlopers dichte tapijten vormend, sterk woekerend.

BLAD EN BLOEMEN: hartvormig, aan de rand gezaagd, zacht behaard; geelgroen bontgekleurd met een wit hart. Roodachtig violette lipbloemen vormen eindstandige, spiraalvormige aren. Bloeitijd mei tot juni.

STANDPLAATS: halfschaduw tot schaduw; voedsel- en humusrijke, vochtige grond.

TOEPASSING: snel groeiende, niettemin woekerende bodembedekker, die voor en tussen bomen groeit. Ook terrassen die minder zon krijgen laten zich door hem mooi omlijsten. Als structuurplant in bloembakken op het balkon, hanging baskets en kuipen is hij eveneens geliefd.

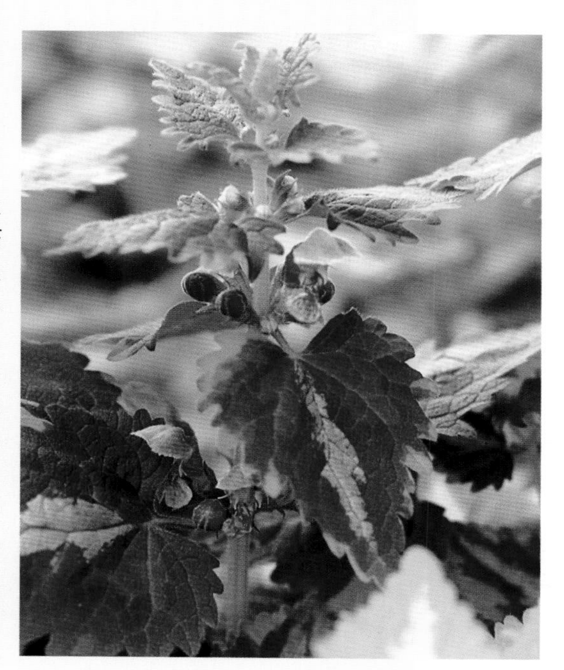

VERZORGINGSTIP: sterk woekerende planten afsteken of snoeien. Verder in de herfst alleen het uitgedroogde blad verwijderen.

VERMEERDERING: in het voorjaar of de herfst delen, van de late lente tot de zomer stekken.

BIJZONDERE EIGENSCHAPPEN: de kleine bloemen zijn bij bijen en andere insecten zeer geliefd.

AANBEVOLEN CULTIVARS: het groene blad van 'Chequers' heeft een zilverachtige middenstreep. De cultivar bloeit paarsroze. 'Red Nancy' heeft bijna wit blad en donkerroze bloemen, 'White Nancy' bloeit wit boven wit blad met een groen randje.

ANDERE SOORTEN: de gele dovenetel (*L. galeobdolon*, syn. *Lamiastrum galeobdolon*) vormt met zijn zilverwit getekende blad fraaie tapijten.

Lavandula angustifolia
Lavendel

Standplaats:
☼

Toepassing:
B F S

Eigenschappen:

FAMILIE: Lipbloemigen *(Lamiaceae)*

HERKOMST: de lavendel of spijk komt in het Middellandse Zeegebied van nature voor.

GROEI: 25-60 cm hoog, afhankelijk van de cultivar; bossig vertakte, verhoutende halfheester.

BLAD EN BLOEMEN: naaldvormig, aromatisch geurend, groenblijvend; grijsgroen. De blauwe, violette of roze lipbloemen zitten in smalle aren. Bloeitijd juli tot augustus.

STANDPLAATS: zonnig en warm; voedselrijke, zandige, doorlatende, droge, liefst kalkhoudende grond.

TOEPASSING: de geurende plant brengt een vleugje zuidelijke charme met zich mee, of hij nu in borders en borderranden, in een haag, in de rotstuin of in een kuip staat. De plant is een waardige partner voor rozen. Zijn bloemen laten zich goed drogen en voor kleine geurende boeketten, potpourri's of geurkussentjes gebruiken.

VERZORGINGSTIP: om te zorgen dat de plant bossig blijft, moet hij na de bloei gesnoeid worden. Dit mag niet te diep gebeuren, aangezien hij uit het oude hout slecht uitloopt. Beschermen tegen strenge vorst, vooral kuipplanten.

VERMEERDERING: in het voorjaar of na de bloei zachte of halfrijpe stekken knippen; vroeg in het voorjaar uitzaaien.

BIJZONDERE EIGENSCHAPPEN: de bloemen trekken bijen en hommels aan. Boeketjes lavendel in de klerenkast zouden motten verdrijven.

AANBEVOLEN CULTIVARS: 'Hidcote Blue' met donker violetblauwe bloemen is zeer populair, 'Hidcote Pink' is zijn roze bloeiende tegenhanger. De lichtviolette 'Dwarf Blue' blijft met zijn 25 cm zeer compact.

ANDERE SOORTEN: de tandlavendel *(L. dentata)* valt op door zijn schutblaadjes, die aan de toppen van de aren zitten.

Lavatera olbia 'Rosea'
Struikmalve

Standplaats:
☼

Eigenschappen:
B

Toepassing:

FAMILIE: Kaasjeskruidachtigen *(Malvaceae)*

HERKOMST: uit kweek. De soort is in Zuid-Europa, overwegend op rotsige kuststroken, te vinden.

GROEI: tot 200 cm hoog; opgaande, bossig vertakte halfheester.

BLAD EN BLOEMEN: handvormig, drie- of vijflobbig, zacht, grijsviltig behaard; dofgroen. Grote donkerroze komvormige bloemen zitten in groepen aan de uiteinden van de stengels. Bloeitijd juli tot oktober.

STANDPLAATS: zonnig en warm, uit de wind; voedselrijke, goed gedraineerde, matig vochtige grond.

TOEPASSING: deze langbloeier is geschikt als structuurplant voor bonte borders en borderranden. Daarbij vormen de blauwe tinten van ridderspoor en monnikskap een prachtig contrast met de roze malvebloemen, die ook tamelijk lang goed blijven in een vaas. De plant is bovendien een decoratieve kuipplant.

Verzorgingstip: de bloemenpracht heeft in de zomer voldoende water en mest nodig. In de winter moeten de planten afgedekt worden, kuipplanten kunnen het beste naar binnen gehaald worden en bij een luchtige 5–10 °C overwinteren. Exemplaren die te groot zijn geworden, moeten in het voorjaar of na de bloei uitgedund of krachtig teruggesnoeid worden.

Vermeerdering: in het voorjaar of in de herfst stekken van grondstandige stengels afknippen.

Aanbevolen cultivars: de grote zachtroze bloemen van 'Barnsley' hebben een donker oog en worden bij het verwelken bijna wit (150–200 cm). Onvermoeibaar verschijnen ze tot in de herfst, na een snoeibeurt worden ze vaak dieproze. 'Burgundy Wine' valt op door zijn grote wijnrode bloemen, terwijl die van 'Ice Cool' stralend sneeuwwit zijn (beide 80–100 cm).

Andere soorten: de Thuringse lavatera *(L. thuringiaca)* is een weinig eisen stellende langbloeier met stralend roze bloemen.

Leucanthemum maximum

Grootbloemige margriet

Standplaats:

☼

Eigenschappen:

B

Toepassing:

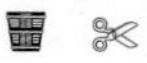

FAMILIE: Samengesteldbloemigen *(Asteraceae)*

HERKOMST: deze margrietensoort stamt oorspronkelijk uit de Pyreneeën en is ook onder de naam *Chrysanthemum maximum* of Reuzenmargriet bekend. Er zijn talrijke cultivars in de handel.

GROEI: 50–100 cm hoog, afhankelijk van de cultivar; bossig, door uitlopers pollen vormend.

BLAD EN BLOEMEN: lancetvormig, vlezig; donkergroen, glanzend. Grote, enkele of gevulde bloemhoofden met witte straalbloemen en een geel hart van schijfbloemen. Bloeitijd juli tot september.

STANDPLAATS: zonnig; voedsel- en humusrijke, diepe, matig vochtige bodem.

TOEPASSING: wie zijn borders en borderranden een natuurlijk karakter wil geven, is bij deze rijk bloeiende vaste plant aan het juiste adres. Zijn volle charme ontvouwt hij in kleine of grotere groepen. Met riddersporen, lupines, monarda's,

papaver of flox vormt hij een bont gezelschap, ook rozen vergezelt hij heel fraai. Vooral de hoge cultivars zijn geliefde snijbloemen, lage zijn zeer geschikt voor omlijstingen. Ook 'pottentuiniers' kunnen een beroep doen op deze vaste plant.

VERZORGINGSTIP: snoeien na de hoofdbloei en extra bemesten bevorderen een tweede bloei.

VERMEERDERING: in het voorjaar of na de bloei delen.

AANBEVOLEN CULTIVARS: 'Beethoven' (80 cm) en 'Gruppenstolz' (50 cm) bloeien met enkele witte bloemen, 'Christine Hagemann' en 'Wirral Supreme' (90 cm) zijn gevuld.

ANDERE SOORTEN: de witte bloemen van de margriet *(L. vulgare)* verschijnen van het late voorjaar tot de voorzomer (60 cm).

Lewisia cotyledon
Bitterkruid

Standplaats:

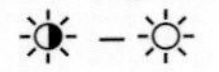

Eigenschappen:

S

Toepassing:

FAMILIE: Posteleinachtigen *(Portulacaceae)*

HERKOMST: het gewone bitterkruid komt in Noord-Amerika, in de Rocky Mountains, van nature voor.

GROEI: 20 cm hoog; uit de grondstandige, platte bladrozetten steken de stelen omhoog.

BLAD EN BLOEMEN: spatelvormig, vlezig, groenblijvend; donkergroen. De stervormige, roze en wit gestreepte bloemen vormen losse pluimen. Cultivars zijn er in pasteltinten van wit, geel, roze tot rood, effen of gestreept. Bloeitijd mei tot juli.

STANDPLAATS: halfschaduw, bij voldoende bodemvochtigheid ook zon; niet te voedselrijke, kalkarme, doorlatende, ook rotsachtige, matig vochtige grond.

TOEPASSING: een plant voor de liefhebber; voor droge, uit de zon gelegen delen van de rotstuin of het alpinum, waar hij alleen of in groepen gedijt. Hij groeit op droge muren en in rotsspleten, balkoneigenaars kunnen hem onder de juiste omstandigheden ook in kommen en bakken kweken. Huislook,

sedum, maar ook *campanula portenschlagiana* zijn passende buren.

VERZORGINGSTIP: een laagje stenen rond de plant voorkomt verrotting. Potplanten niet teveel water geven, voorkomen dat er water in de rozetten blijft staan. De vaste plant in de winter tegen sterke zonnestralen beschermen.

VERMEERDERING: in het voorjaar zaaien, in de zomer bladstekken knippen. Hybriden komen niet kleurecht terug.

AANBEVOLEN CULTIVARS: de hybride cultivar 'Sunset Strain' biedt een kleurenschouwspel met rode, oranje of roze bloemen.

Liatris spicata
Lampenpoetser

Standplaats:

Toepassing:

B F

Toepassing:

FAMILIE: Samengesteldbloemigen *(Asteraceae)*

HERKOMST: dit soortenrijke geslacht is inheems in het oosten van Noord-Amerika.

GROEI: 80 cm hoog; uit een grasachtige bladpol steken opgaande, bebladerde bloemstelen omhoog.

BLAD EN BLOEMEN: lijnvormig, grasachtig, grondbladeren tot 40 cm lang, stengelblad aanzienlijk korter; hardgroen. De kleine lilaroze bloemhoofdjes zitten aan kolfvormige aren. Bloeitijd juli tot september.

STANDPLAATS: zonnig en warm; voedselrijke, doorlatende, niet te vochtige grond.

TOEPASSING: bloeiende plant voor de rand van de vasteplantenborder in de volle zon, hellingen of muren op het zuiden. Hij heeft graag witte monarda's, bergasters, campanula's of zodenvormende vaste planten met grijs blad in zijn nabijheid. Hij is ook zeer geliefd als houdbare snijbloem en decoratieve kuipplant.

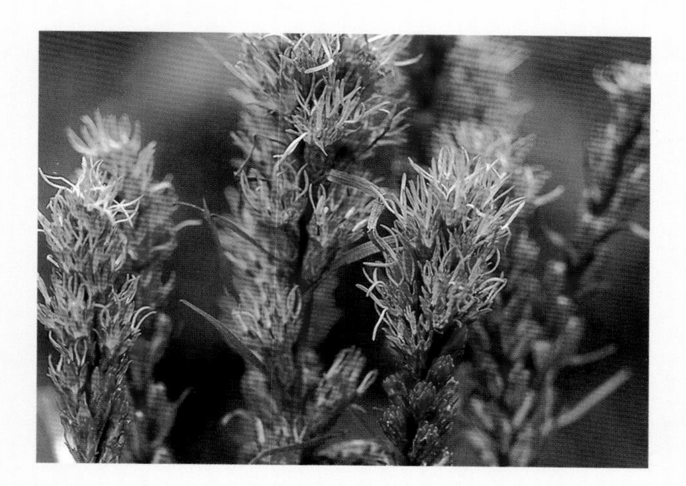

VERZORGINGSTIP: om lang plezier van de vaste plant te hebben, moet u hem in het voorjaar bemesten en de knolachtige wortels tegen woelmuizen beschermen. In zware, natte grond kan hij in de winter gemakkelijk gaan rotten.

VERMEERDERING: in het voorjaar zaaien of delen.

BIJZONDERE EIGENSCHAPPEN: de bloemen aan de aren gaan van boven naar beneden open en hebben grote aantrekkingskracht op vlinders.

AANBEVOLEN CULTIVARS: 'Kobold' bloeit violetroze en blijft met zijn 40 cm zeer compact. De stralend violette 'Floristan Violett' en de wit bloeiende 'Floristan Weiß' daarentegen worden 80–90 cm hoog.

Ligularia dentata
Kruiskruid

Standplaats:
☀ – ☼

Toepassing:
W B F G

FAMILIE: Samengesteldbloemigen *(Asteraceae)*

HERKOMST: de ook als kikkerblad of ligularia bekende vaste plant is afkomstig uit China en Japan.

GROEI: 100–150 cm hoog; bossig, pollen vormend.

BLAD EN BLOEMEN: rondachtig, aan de basis hartvormig, met getande rand, decoratief; aan de bovenkant groen, aan de onderkant purperrood. Bloemhoofdjes met smalle gele straalbloemen en een bruin hart zweven in schermen boven het blad. Bloeitijd augustus tot oktober.

STANDPLAATS: halfschaduw, op natte grond ook in de zon; voedsel- en humusrijke, diepe, vochtige bodem.

TOEPASSING: deze grote solitairplant staat bijzonder graag aan de rand van de vijver, maar ook in (grote) vaste-plantenborders of voor bomen is hij op zijn plaats. Buren met identieke wensen zijn spirea, daglelie, leverkruid, wederik, hangende zegge of oeverzegge.

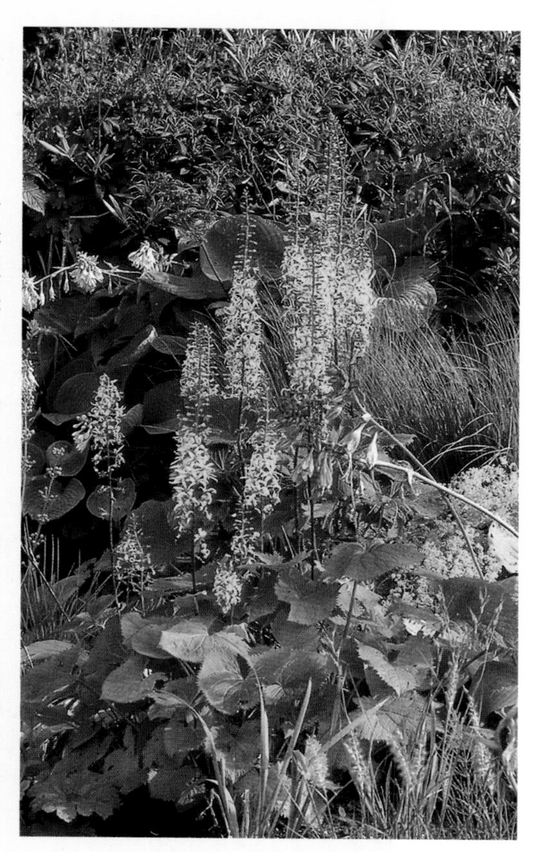

Verzorgingstip: de verder weinig eisen stellende vaste plant houdt niet van droogte en hitte. Aan het eind van de winter wordt hij tot op de grond teruggesnoeid.

Vermeerdering: in het voorjaar delen of zaaien.

Bijzondere eigenschappen: de bloemen zijn een rijke bron van nectar voor de bijen.

Aanbevolen cultivars: 'Desdemona' en 'Othello' hebben fel oranjegele bloemen boven purperkleurig blad (100 cm). 'Moorblut' wordt slechts 80 cm hoog en bloeit lichtoranje.

Andere soorten: *L. przewalskii* (130 cm) heeft met zijn vingervormig gelobde, diep ingesneden blad en slanke lichtgele bloemtrossen een eleganter effect dan *L. dentata*. Opvallend zijn de donkerpurperen bloemstelen.

Lilium-Hybriden

Lelie

Standplaats:

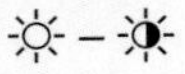

Toepassing:

B F G

Eigenschappen:

Familie: Leliefamilie *(Liliaceae)*

Herkomst: uit kweek. Ontstaan uit kruisingen tussen verschillende wilde soorten, die voornamelijk afkomstig zijn uit Noord-Amerika, Europa en Azië. Ze worden onderverdeeld in negen klassen; de Aziatische en oosterse lelie-hybriden zijn wijdverbreide tuinplanten.

Groei: 60–180 cm hoog, afhankelijk van de cultivar; bollen zijn samengesteld uit vlezige schubben.

Blad en bloemen: langwerpig lancetvormig, breed of smal; donkergroen, glanzend. De lelie bestaat uit zes gelijkvormige, stervormig gerangschikte bloembladeren, met in het hart zes stuifmeeldraden. Hij kan kom-, trechter-, trompet- of tulbandvormig zijn en zit alleen of met meerdere aan opgaande, meestal onvertakte bloemtrossen. Het kleurenspectrum biedt behalve blauw en zwart bijna alle nuances, veel cultivars zijn zeer welriekend. Bloeitijd juni tot augustus-september, afhankelijk van de cultivar.

STANDPLAATS: zon of halfschaduw, warm, wortelgebied in de schaduw, vanwege de grote bloemen bij voorkeur beschut tegen weersinvloeden; voedselrijke, goed gedraineerde en losgemaakte, matig vochtige, neutrale tot enigszins zure grond.

TOEPASSING: groepen lelies verfijnen vaste-plantenborders en -borderranden en zijn een prima metgezel voor rozen. De lichte schaduw van bomen bevalt ze alleen, als de bodem niet te zeer doorworteld is. Als snijbloemen en kuipplanten zijn ze eveneens in trek.

VERZORGINGSTIP: aangezien lelies graag lange tijd op dezelfde plaats blijven staan, moet voor en tijdens het uitlopen steeds een kaliumhoudende universele mest aangebracht worden. Wateroverlast vermijden en de bodem mulchen. Uitgebloeide bloemen regelmatig verwijderen; als de plant niet wil bloeien, de bollen delen en verplanten. De bladpol niet blootstellen aan de winterzon en beschermen tegen late vorst.

VERMEERDERING: de methode is per soort verschillend. Van de nazomer tot de herfst kunt u bolknoppen en kleine bolletjes loshalen of bolbladeren vermeerderen. Let wel op, want de bollen drogen gemakkelijk uit. Bij voorkeur wordt in de herfst geplant, anders in het voorjaar, en wel twee- tot driemaal zo diep als de bol hoog is. Enkele soorten kunnen in het voorjaar gezaaid worden, maar het duurt enige tijd voordat ze bloeien.

AANBEVOLEN CULTIVARS: de verscheidenheid aan cultivars is zo groot, dat het moeilijk is een keuze te maken. 'Black Beauty' is een Oosterse hybride met tulbandvormige, geurende bloemen van een donkere zwartrode kleur. 'Star Gazer' is een geliefde standaardcultivar met rode bloemen met een witte rand. 'Journey's End' betovert met donkerroze, wit gerande bloemen.

'Bright Star' is een trompetlelie-hybride met roomwitte, geurende bloemen. Omdat de bloembladen van deze cultivar aan de toppen teruggeslagen zijn, lijken de binnenste gele middenstrepen op een ster.

Met zijn heldergele, hangende bloemen is 'Connecticut King' een waardig vertegenwoordiger van de Aziatische hybriden. 'Sterling Star' bloeit roomwit met donkere vlekken.

De oranjegele bloemen van 'Shuksan', een Amerikaanse lelie-hybride, hebben opvallende zwarte spikkels.

ANDERE SOORTEN: naast de hybriden is er nog een reeks botanische soorten. De Madonna-lelie *(L. candidum)* is er een van. Hij wordt ongeveer 100 cm hoog en bloeit in juli met trechtervormige, zuiver witte, geurende bloemen, die in groten getale aan de uiteinden van de stelen zitten.

De bloemen van de Henry-lelie *(L. henryi)* kunnen tot 200 cm de lucht in steken. De bloemen verschijnen in augustus-september; bij de oranjegele soort met kleine bruine spikkels, bij de cultivar 'Citrinum' in licht citroengeel.

Met zijn indrukwekkende, sterk geurende bloemen draagt de koningslelie *(L. regale)* zijn naam met recht. In juli is het zover, dan verschijnen de witte trompetbloemen met een geel hart en een bruinachtig rood gestreepte buitenkant.

Linum perenne
Overblijvend vlas

Standplaats:
☼

Toepassing:
S B F

Eigenschappen:

FAMILIE: Vlasachtigen *(Linaceae)*

HERKOMST: overblijvend vlas of vast vlas, een beschermde plant, komt van Europa tot in Siberië voor.

GROEI: 50 cm hoog; opgaand, rijk vertakt, pollen vormend.

BLAD EN BLOEMEN: lijnvormig lancetvormig; blauwachtig groen. Trechtervormige lichtblauwe bloemen vormen dichte schermen. Bloeitijd mei tot juli.

STANDPLAATS: zonnig; matig voedselrijke, zandige doorlatende, matig droge, kalkhoudende grond.

TOEPASSING: rijk bloeiende wilde plant voor rots- en heidetuinen, die ook goed past in een natuurlijk vormgegeven plantenborderrand. Als buren heeft hij graag laag duizendblad, campanula, anjer, zonneroosje of schapegras-soorten. Hij is zowel als lage omlijstingsplant als in plantenbakken mooi.

VERZORGINGSTIP: deze vaste plant, die goed tegen droogte kan, moet beschermd worden tegen winterse nattigheid en droge vorst.

VERMEERDERING: in het voorjaar delen of zaaien, van het voorjaar tot de zomer zachte tot halfrijpe stekken knippen. De vaste plant zaait zichzelf ook rijkelijk uit.

BIJZONDERE EIGENSCHAPPEN: de bloemen verwelken meestal al op de dag waarop ze zijn uitgekomen, maar ze verschijnen wel in grotere aantallen.

AANBEVOLEN CULTIVARS: 'Nanum Saphir' bloeit blauw, net als de soort, 'Diamant' en 'Nanum Album' wit.

ANDERE SOORTEN: geel vlas *(L. flavum)* heeft zijn naam aan zijn grote gele bloemen te danken. Met zijn blauwgroene bladzoden wordt hij ongeveer 30 cm hoog. Frans vlas *(L. narbonense)* heeft de hele zomer hemelsblauwe bloemen aan fijn lancetvormig blad.

Liriope muscari
Leliegras

Standplaats:

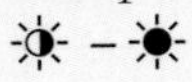

Toepassing:

B G

Eigenschappen:

FAMILIE: Lelie-achtigen *(Convallariaceae)*

HERKOMST: de ook onder de naam slangenbaard (syn. *Ophiopogon muscari*) bekende vaste plant is afkomstig uit de bossen van China, Japan en Taiwan.

Groei: 20–40 cm hoog; pollen vormend.

BLAD EN BLOEMEN: grondblad riemvormig, grasachtig, gebogen, groenblijvend; donkergroen. Kleine, donker violette bloemen zitten opeen aan eindstandige aren. Bloeitijd augustus tot november.

STANDPLAATS: halfschaduw tot schaduw, warm, uit de wind; voedsel- en humusrijke, vochtige, maar doorlatende, zure bodem.

TOEPASSING: decoratieve groenblijvende bosplant voor schaduwrijke zones van de tuin. Rododendrons, varens, anemonen en slangenbaard *(Ophiopogon)* houden van dezelfde omgeving. Leliegras is ook uitstekend als kuipplant te kweken.

VERZORGINGSTIP: als zijn plek hem bevalt kan de vaste plant tot aan de vorst bloeien. Hij moet echter wel tegen de winterzon en temperaturen onder nul beschermd worden.

VERMEERDERING: planten in het voorjaar delen of uit de bessen geoogst zaad in het voorjaar zaaien.

BIJZONDERE EIGENSCHAPPEN: na de bloemen volgen fraaie zwarte bessen.

AANBEVOLEN CULTIVARS: 'Curly Twist' overtuigt met lila bloemen, 'Ingwersen' met violette. 'Lilac Beauty' valt op door zijn grote bloemenen 'Golden Banded' door het geel gerande blad.

Lobelia x speciosa
Lobelia

Standplaats:

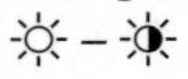

Toepassing:

B F

Eigenschappen:

FAMILIE: Klokjesfamilie *(Campanulaceae)*

HERKOMST: uit kweek. De oudersoorten zijn overwegend uit Noord-Amerika afkomstig.

GROEI: 60 cm hoog; opgaand, nauwelijks vertakt.

BLAD EN BLOEMEN: ovaal lancetvormig; donkergroen glanzend. De lobeliabloem heeft drie grotere bloembladen onder en twee kleinere boven, die in groten getale aan opgaande pluimen zitten. Bloeitijd juni tot augustus.

STANDPLAATS: zon of halfschaduw; voedsel- en humusrijke, vochtige, maar doorlatende grond.

TOEPASSING: elegante bloemenplant voor borders en borderranden, die in groepen geplant het fraaiste effect heeft. Met schildpadbloem, schoenlappersplant, wederik, maskerbloem of purperklokje vormt hij mooie groepen. Bovendien is hij als kuipplant en houdbare snijbloem zeer aan te raden.

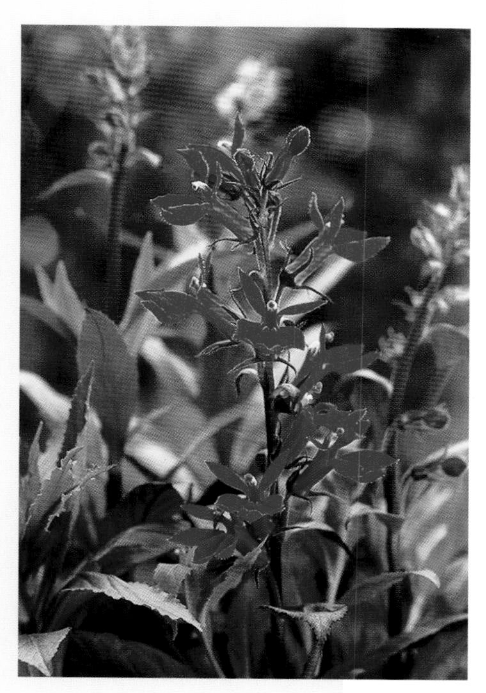

VERZORGINGSTIP: de vorstgevoelige vaste plant moet in de winter goed afgedekt worden of binnenshuis gehaald worden.

VERMEERDERING: in januari-februari in huis zaaien, vanaf midden april uitplanten. Vaak eenjarig in cultuur.

BIJZONDERE EIGENSCHAPPEN: de pluimen gaan geleidelijk van onder naar boven open.

AANBEVOLEN CULTIVARS: de grootbloemige 'Kompliment'-serie zorgt voor een wekenlange bloemenpracht. U kunt kiezen uit stralend rode, donkerrode en blauwviolette tinten (70 cm). De compactere 'Fan'-cultivars (60 cm) zijn er in roze en rood.

ANDERE SOORTEN: de stralend rode scharlaken lobelia *(L. cardinalis)* is een aanrader voor de vijverrand. *L. siphilitica* wijkt met zijn zuiver blauwe bloemen van het rode kleurenspectrum van de lobelia af. Beide worden ongeveer 80 cm hoog.

Lupinus-Polyphyllus- Hybriden

Vaste lupine

Standplaats:

Toepassing:

B

Eigenschappen:

FAMILIE: Vlinderbloemigen *(Fabaceae)*

HERKOMST: uit kweek. De vaste lupine stamt van de Noord-Amerikaanse veelbladige lupine *(L. polyphyllus)* af.

GROEI: 80–120 cm hoog, afhankelijk van de cultivar; opgaand, bossig.

BLAD EN BLOEMEN: groot, handvormig gedeeld, afzonderlijke bladeren ovaal tot lancetvormig; donkergroen tot blauwgroen. Talrijke vlinderbloemen zitten in lange kaarsvormige trossen. Het kleurenspectrum is groot en loopt van witte, roze, rode en gele tot blauwe tinten. Bloeitijd mei tot juli, nabloei in september.

STANDPLAATS: zonnig en warm; matig voedselrijke, lichte, diepe, kalkarme, niet te natte bodem.

TOEPASSING: deze imposante borderplant is typisch voor de landelijke boerentuin, waar hij het mooiste effect heeft in bonte groepen. Lage soorten groeien ook in een kuip, de bloemtrossen staan prachtig in een vaas.

VERZORGINGSTIP: snoeien na de bloei zorgt dat de plant in vorm blijft en zorgt voor een tweede bloei. Het nieuw uitlopende blad moet echter gespaard blijven.

VERMEERDERING: in het voorjaar zaaien of stekken van niet bloeiende zijscheuten knippen. Het zaad moet voor het uitzaaien 24 uur in water geweekt worden.

BIJZONDERE EIGENSCHAPPEN: bacterieknobbeltjes aan de wortels verzamelen stikstof en verhogen zo het stikstofgehalte van de grond. De zaadjes bevatten giftige alkaloïde.

AANBEVOLEN CULTIVARS: de 'Russel'-hybriden zijn er in verschillende kleurnuances met romantisch klinkende cultivars als 'Burgfräulein' (roomwit) of 'Edelknaben' (karmijnrood). Omdat ze door zaad vermeerderd worden, kunnen er kleine variaties in de tinten optreden. De kleurmengsels 'Gartenzwerg' en 'Gallery' blijven met 60 cm compacter.

Luzula nivea

Sneeuwwitte veldbies

Standplaats:

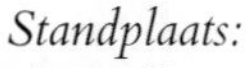

Toepassing:

Eigenschappen:

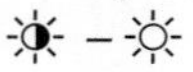

FAMILIE: Bloembiesachtigen *(Juncaceae)*

HERKOMST: het ook als veldbies bekend staande gras is inheems in Zuid-Europa.

GROEI: 20 cm hoog (met bloemen 40 cm); grasachtige pollen.

BLAD EN BLOEMEN: smal lijnvormig, grasachtig, gebogen, met zilverachtige haartjes aan de rand, groenblijvend; hardgroen. Schermachtige bloemstengels met kleine witachtige enkele bloempjes zweven als sneeuwvlokken boven de bladpollen. Bloeitijd juni tot juli.

STANDPLAATS: staat het liefst in de halfschaduw, ook zonnig; humusrijk, doorlatende, matig vochtige, kalkarme bodem.

TOEPASSING: het tere gras groeit graag in de lichte schaduw van bomen en struiken, ook als deze al ingeworteld zijn. In groepen is de plant bijzonder decoratief. Hij is ook geschikt voor borderranden in de halfschaduw, de gedroogde bloemstengels vormen een mooie versiering in boeketten.

VERZORGINGSTIP: niet in de volle schaduw planten. Laat in de winter of vroeg in het voorjaar snoeien.

VERMEERDERING: planten delen, zodra de groei inzet in het voorjaar. Zaaien is dan ook mogelijk.

AANBEVOLEN CULTIVARS: 'Schneehäschen' is met zijn zilverachtig witte blad en witte bloemen een echte blikvanger.

ANDERE SOORTEN: de ruige veldbies *(L. pilosa)* is ook geschikt voor de bostuin. Hij heeft bruinachtig groen blad en bruinachtige bloemaren. De grote veldbies 'Marginata' *(L. sylvatica)* valt op door zijn geel gerande blad en zilverachtige bloemaren.

Lysimachia punctata
Puntwederik

Standplaats:

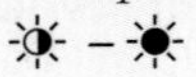

Toepassing:

G B W F

Eigenschappen:

FAMILIE: Sleutelbloemachtigen *(Primulaceae)*

HERKOMST: de geelbloeiende wederik, zoals de vaste plant ook wel genoemd wordt, komt voor van het oostelijke Middellandse-Zeegebied tot in het noorden van Italië en Klein-Azië.

GROEI: 80 cm hoog; opgaand, met nauwelijks vertakte stengels, breidt zich door uitlopers dicht polvormig uit.

BLAD EN BLOEMEN: ovaal lancetvormig, in kransen rond de stengels gerangschikt; hardgroen. De kleine, stervormige, stralend gele bloemen verdelen zich in kransen etagegewijs over de stengel. Bloeitijd juni tot augustus.

STANDPLAATS: halfschaduw tot schaduw, bij zeer vochtige grond ook zonnig; voedselrijke, leemachtige, vochtige grond.

TOEPASSING: de vaste plant staat graag in de buurt van bomen, waar hij bij voorkeur in de wisselschaduw groeit. Ook in een borderrand die minder zon krijgt of in de schaduw van een muur voelt hij zich prettig, evenals aan de rand van een vijver of waterloop. De bloemen staan goed in zomerboeketten.

VERZORGINGSTIP: de weinig eisende plant verwildert gemakkelijk en vormt in korte tijd een dichte begroeiing.

VERMEERDERING: pollen in het voorjaar of de herfst delen. Dat is ook nuttig als ze zich te sterk uitbreiden.

AANBEVOLEN CULTIVARS: 'Alexander' onderscheidt zich van de soort door zijn witbonte blad. 'Hometown Hero' overtuigt met zijn donkergele bloemen in lange trossen.

ANDERE SOORTEN: het geel bloeiende, slechts 5 cm hoge penningkruid *(L. nummularia)* is een goede bodembedekker voor vochtige standplaatsen in de schaduw. De cultivar 'Aurea' valt op door zijn goudgele blad. Het opvallende aan *L. atropurpurea* zijn de donkerpurperen bloemaren.

Lythrum salicaria
Gewone kattestaart

Standplaats:
☼ – ◑

Toepassing:
W B F

Eigenschappen:
✂

FAMILIE: Kattestaartfamilie *(Lythraceae)*

HERKOMST: deze kattestaart-soort is te vinden van Europa tot in Azië en Noord-Afrika.

GROEI: 100 cm hoog; opgaand, bossig, pollen vormend.

BLAD EN BLOEMEN: smal lancetvormig, tegenoverstaand aan de vierkante stengels gerangschikt; frisgroen, in de herfst vaak koperkleurig. Vele kleine trechtervormige purperrode bloemen zitten aan eindstandige bloemaren. Bloeitijd juli tot september.

STANDPLAATS: zon of halfschaduw; voedselrijke, leemachtige, vochtige, ook natte grond.

TOEPASSING: rijk bloeiende wilde plant voor naast de vijver, permanent nat moerasgebied of natte weide. Cultivars kunnen beter tegen de droogte en groeien ook in de border. Buren die de concurrentie aan kunnen zijn astilbe, bijvoet, wederik, maskerbloem of Siberische lis. De bloemen zijn houdbare snij- en droogbloemen.

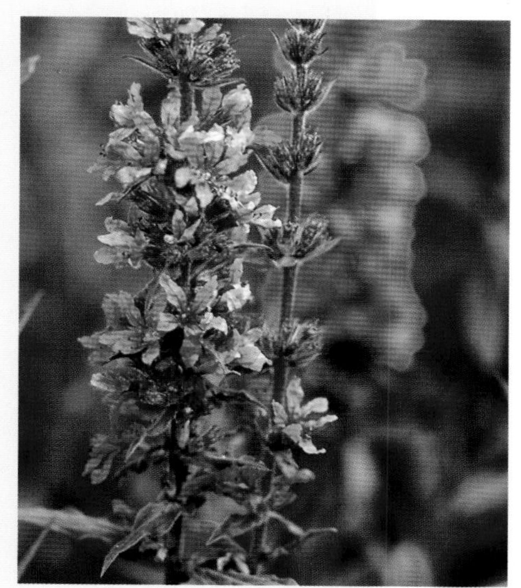

VERZORGINGSTIP: aangezien de stengelbasis verhout, kan de plant al voor de winter gesnoeid worden.

VERMEERDERING: in het voorjaar zaaien of delen. Stekken van niet bloeiende zijscheuten wortelen dan ook goed.

BIJZONDERE EIGENSCHAPPEN: deze langbloeier brengt leven in de tuin, aangezien hij een grote aantrekkingskracht heeft op bijen, vlinders en zweefvliegen. Een extract uit de wortels wordt als bloedstelpend natuurlijk geneesmiddel gebruikt.

AANBEVOLEN CULTIVARS: 'Blush' bloeit zalmroze (80 cm), 'Feuerkerze' en 'Rosensäule' laten een dieproze kleur zien (120 cm). De donkerrood bloeiende 'Zigeunerblut' wordt 120 cm hoog, de karmijnrode 'Robert' blijft met zijn 60 cm duidelijk kleiner en compacter.

ANDERE SOORTEN: de roze bloeiende roedenkattestaart *(L. virgatum)* is over het geheel genomen wat sierlijker en slechts 60 cm hoog.

Macleaya cordata
Pluimpapaver

Standplaats:
☼ – ◑

Toepassing:
G F

Eigenschappen:
▦ ⚠ !

FAMILIE: Papaverachtigen *(Papaveraceae)*

HERKOMST: de soort is afkomstig uit China, Japan en Taiwan.

GROEI: 200 cm hoog; opgaand, polvormig, door uitlopers woekerend.

BLAD EN BLOEMEN: groot, rondachtig tot hartvormig, diep ingesneden; blauwgroen aan de bovenzijde, wit donzig behaard aan de onderzijde, vaak met gele herfstkleur. De kleine, beige- tot bronskleurige bloemen vormen grote, veerachtige pluimen. Bloeitijd juli tot augustus.

STANDPLAATS: Zonnig, ook halfschaduw, warm; voedselrijke, lichte, droge tot matig vochtige grond.

TOEPASSING: deze decoratieve wilde plant geeft, alleen of in groepen, voor een neutrale achtergrond zoals bomen, hagen, muren of langs een hek een bijzonder accent. Door zijn hoogte beschermt hij uitstekend tegen inkijk. Hoge zonnebloemen zijn goede metgezellen.

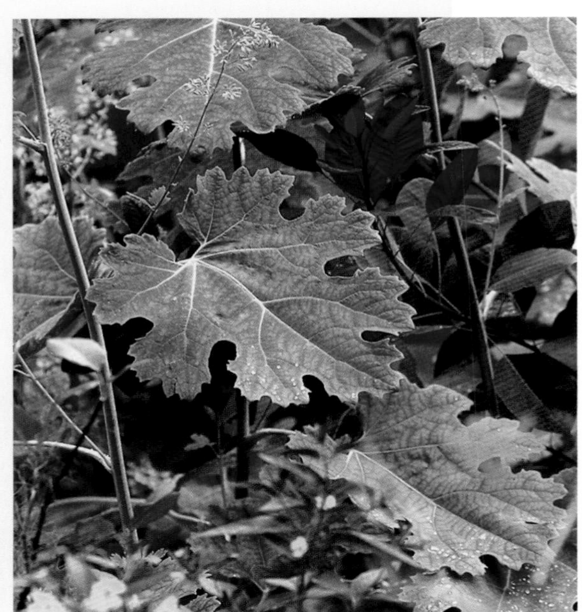

VERZORGINGSTIP: in de late herfst of aan het einde van de winter is een flinke snoei nodig. Jonge stengels zijn dan echter nog vatbaar voor late vorst. Als u de vaste plant in een pot plant, kan hij niet woekeren.

VERMEERDERING: in het voorjaar delen, in de rustperiode in de winter rizoomstekken knippen.

BIJZONDERE EIGENSCHAPPEN: stengels en blad bevatten een bruinachtig melksap. Dit kan huidirritatie veroorzaken en is enigszins giftig.

AANBEVOLEN CULTIVARS: 'Korallenfeder' onderscheidt zich door zijn koperkleurige bloempluimen boven kaneelkleurig blad.

ANDERE SOORTEN: *M. microcarpa* met geelbruine bloemen boven blauwgroen blad is bijzonder geschikt voor aan de waterkant.

Meconopsis grandis

Grote schijnpapaver

Standplaats:

Toepassing:

G

Eigenschappen:

FAMILIE: Papaverachtigen *(Papaveraceae)*

HERKOMST: Nepal, Sikkim en Tibet, in de Himalaya.

GROEI: 120 cm hoog; opgaand, pollen vormend, met stevige, roodbruin behaarde bloemen.

BLAD EN BLOEMEN: elliptisch, getand, in wortelstandige rozetten en aan stengels; donkergroen, roodbruin behaard. De vlakke komvormige, knikkende bloemen met een zijdeachtige glans stralen hemelsblauw. Daarbij tekenen zich de gele meeldraden in het hart in een fraai contrast met de bloembladeren af. De bloemen zitten alleen in de bladoksels. Bloeitijd juni tot juli.

STANDPLAATS: halfschaduw, koel, beschut tegen de wind; voedselrijke, humusrijke, vochtige, doorlatende, licht zure grond.

TOEPASSING: een plant voor de liefhebber voor bospartijen in de schaduw met een hoge luchtvochtigheid. Hij vormt een schitterende aanvulling op groepen rododendrons, samen met varens en grassen.

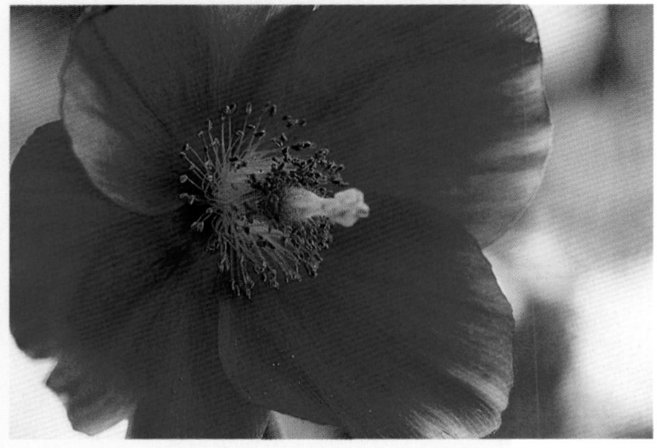

VERZORGINGSTIP: in de zomer rijkelijk begieten, anders sterft de vaste plant na de bloei snel af. Om de bloei en de levensduur te verlengen, moet u de zaaddozen verwijderen. Late vorst kan jonge planten beschadigen.

VERMEERDERING: de kortlevende vaste plant na de bloei delen. Rijp zaad direct zaaien of tot het voorjaar opslaan.

BIJZONDERE EIGENSCHAPPEN: de hemelsblauwe bloemen zorgen voor een buitengewoon kleuraccent.

ANDERE SOORTEN: de bloemen van de blauwe schijnpapaver *(M. betonicifolia)* zijn eveneens blauw, maar kleiner. De cultivar 'Alba' bloeit wit. Bekend is de geel bloeiende schijnpapaver *(M. cambrica)*. Deze kortlevende, robuuste vaste plant groeit ook op een kalkhoudende bodem.

Melica nutans
Knikkend parelgras

Standplaats:
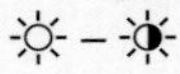

Toepassing:
F S G B

Eigenschappen:

FAMILIE: Grassenfamilie *(Poaceae)*

HERKOMST: het gras, een beschermde plant, groeit in de loofbossen van Europa tot in de Kaukasus en Centraal-Azië.

GROEI: 40–60 cm hoog; losse pollen vormend, breidt zich door uitlopers grasachtig uit.

BLAD EN BLOEMEN: smal lijnvormig, opgerold, tot 20 cm lang; frisgroen, glanzend. Purperkleurige, langwerpige aren aan elegant overhangende bloemtrossen. Bloeitijd mei tot juni.

STANDPLAATS: zon of halfschaduw; matig voedselrijke, vochtige, maar doorlatende, ook rotsachtige grond.

TOEPASSING: omdat hij een dichte begroeiing vormt, is dit gras geschikt om grotere oppervlakken mee te laten begroeien. Daarvoor kunt u hem het beste in grotere groepen planten. Hij groeit in de rotstuin en in de wisselschaduw van bomen, in gemengde plantenborderranden. Als solide gast in kuipen is hij eveneens decoratief. De bloemaren kunnen goed gedroogd en in boeketten en bloemstuk worden verwerkt.

VERZORGINGSTIP: in de winter beschermen tegen te veel nattigheid.

VERMEERDERING: in het voorjaar delen of zaaien.

ANDERE SOORTEN: het bronzen parelgras 'Atropurpurea' *(M. altissima)* vormt van mei tot juni lange paarsbruine bloempluimen en groeit zowel in de zon als in de halfschaduw. Het wimperparelgras *(M. ciliata)* prefereert een droge ondergrond. In de zomer verschijnen boven de grijsgroene bladpollen geelwitte aren. De cultivar 'Erecta' valt op door zijn dikke, witte kolfbloemen. Het blad van het eenbloemig parelgras *(M. uniflora)* is roomwit gestreept.

Mimulus luteus
Gele maskerbloem

Standplaats:
☼ – ◑

Toepassing:
W

Eigenschappen:
⚠

FAMILIE: Leeuwebekjesfamilie *(Scrophulariaceae)*

HERKOMST: de ook als maskerbloem of apenbloem bekend staande plant stamt uit Chili.

GROEI: 20 tot 30 cm hoog; opgaand tot kruipend, aan liggende stengels wortels vormend, daardoor uitbreidend en sterk groeiend.

BLAD EN BLOEMEN: langwerpig ovaal, getand; frisgroen. Naast de citroengele soort zijn er ook hybriden met rood gevlekte bloemen. Deze zitten meestal in trossen. Bloeitijd juni tot september.

STANDPLAATS: zon of halfschaduw; voedsel- en humusrijke, vochtige of natte grond.

TOEPASSING: deze rijk en lang bloeiende maskerbloem staat graag aan de vochtige waterkant of zelfs in de moerassige zone van de tuinvijver (waterdiepte tot 10 cm). Door zichzelf uit te zaaien verwildert hij snel. Hij staat goed bij moerasvergeetmij-nietje en kogelboterbloemen.

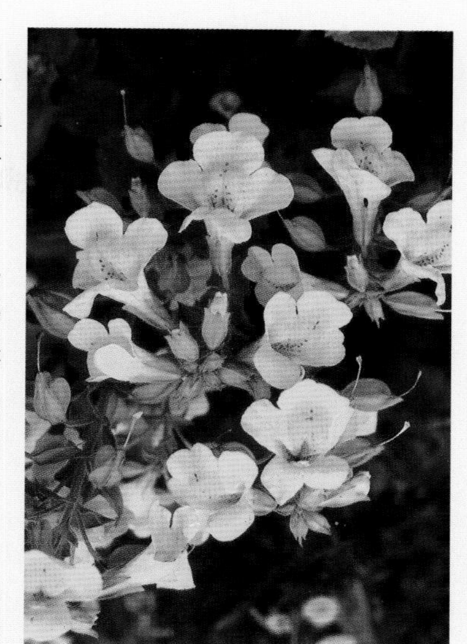

VERZORGINGSTIP: bescherming tegen droge vorst wordt aangeraden.

VERMEERDERING: van laat in de winter tot vroeg in het voorjaar zaaien of delen, vroeg in de zomer stekken.

AANBEVOLEN CULTIVARS: de gele bloemen van 'Tigrinus Grandiflorus' zijn opvallend rood gevlekt.

ANDERE SOORTEN: de tot 80 cm hoge blauwe maskerbloem *(M. ringens)* groeit eveneens graag aan de waterkant en valt op door zijn blauwviolette bloemen. De grote scharlakenrode schijfbloemen van *M. cardinalis* (50–70 cm hoog) verschijnen in grote aantallen van juni tot september. Deze kleurrijke langbloeier groeit ook op een matig droge bodem, in plantenborderranden evenals in de rotstuin of in plantenbakken.

Miscanthus sinensis
Prachtriet

Standplaats:
☼

Toepassing:
B F W

Eigenschappen:

FAMILIE: Grassenfamilie *(Poaceae)*

HERKOMST: de soort, die inmiddels een groot aantal zeer uiteenlopende cultivars telt, komt uit China.

GROEI: 100–200 cm hoog, afhankelijk van de soort; polvormig, de bloemen steken uit de bladpol omhoog.

BLAD EN BLOEMEN: lijnvormig, rietachtig, meestal gebogen; effen groen of bontgekleurd, veel cultivars hebben een herfstkleur. Veerachtige bloempluimen in uiteenlopende kleurtinten. Bloeitijd afhankelijk van de cultivar van juli tot oktober.

STANDPLAATS: zonnig; voedselrijke, leemachtige, matig vochtige grond.

TOEPASSING: decoratieve solitairplant voor de achtergrond van plantenborderranden, als blikvanger in het gazon of aan de rand van de vijver. Een must voor de echte grassentuin, bovendien een goede bescherming tegen inkijk. Lage cultivars zijn geschikt voor plantenbakken, het gedroogde blad kan gebruikt worden voor boeketten.

VERZORGINGSTIP: met rijp bedekte grassen zijn ook in de winter een sieraad. Daarom wordt de plant pas in het voorjaar gesnoeid. Het blad in de winter samenbinden biedt een goede bescherming tegen nattigheid en vorst.

VERMEERDERING: bij het begin van de groei in het voorjaar delen.

AANBEVOLEN CULTIVARS: de 'Kleine Fontaine' wordt gekenmerkt door smal blad en zilverachtig roze bloempluimen (170 cm). De gele dwarsstrepen op het groene, gebogen blad zijn een opvallend kenmerk van 'Strictus'. De cultivar groeit tot 150 cm de hoogte in, de bloemen verschijnen echter alleen in warme zomers. 'Malepartus' met zijn veerachtige, roodbruine bloempluimen wordt tot 200 cm hoog. Het blad kleurt in de herfst opvallend roodbruin. 'Silberfeder' is een in de herfst bloeiende standaardcultivar met zilverachtige aren en smal blad. 'Yakushima Dwarf' wordt inclusief zijn zilverachtige bloemaren slechts 100 cm hoog en is geschikt als kuipplant.

Molinia caerulea 'Moorhexe

Pijpestrootje

Standplaats:

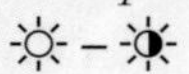

Toepassing:

F G B

Eigenschappen:

FAMILIE: Grassenfamilie *(Poaceae)*

HERKOMST: uit kweek. De beschermde soort, pijpestrootje, komt in veengebieden van Europa en West-Azië van nature voor.

GROEI: 20 cm hoog (met bloemen 80 cm); pluimachtige, dichte pollen vormend, met opgaande, straalvormig uit de bladpol omhoogstekende bloemhalmen.

BLAD EN BLOEMEN: smal lijnvormig; groen, in de herfst goudgeel. Donker purperkleurige aren in losse pluimen. Bloeitijd augustus tot oktober.

STANDPLAATS: zon of halfschaduw; matig voedselrijke, humusrijke, vochtige, doorlatende, neutrale tot zure bodem.

TOEPASSING: dit sierlijke gras is bijzonder geschikt voor heide- en veentuinen. Ook voor en tussen bomen of in gemengde borders is hij goed op zijn plaats. Uit een dek van zodenvormende grassen, bijvoorbeeld blauw schapegras, komt hij met veel effect uit, en ook in gemengde kuipen is hij zeer decoratief.

Blad en gedroogde bloemen worden graag als decoratie voor boeketten gebruikt.

VERZORGINGSTIP: pas in het voorjaar snoeien, omdat de met rijp bedekte grassen er ook in de winter schitterend uitzien.

VERMEERDERING: in het voorjaar zaaien, cultivars bij voorkeur delen.

AANBEVOLEN CULTIVARS: 'Heidebraut' gaat tot 150 cm de hoogte in. 'Moorflamme' vormt met zijn roodachtige herfstkleur een blikvanger in de tuin. 'Variegata' zorgt voor een accent met zijn groen en roomwit gestreepte blad. De bladpollen worden slechts 30 cm hoog, de bruinachtige bloemen steken tot 50 cm de hoogte in.

Monarda-Hybride 'Squaw'
Bergamotplant

Standplaats:
☼ – ◐

Toepassing:
B F G

Eigenschappen:

FAMILIE: Lipbloemigen *(Lamiaceae)*

HERKOMST: uit kweek. De oudersoorten zijn afkomstig uit Noord-Amerika.

GROEI: 100 cm hoog; opgaand, bossig, door uitlopers dichte begroeiing vormend.

BLAD EN BLOEMEN: ovaal tot lancetvormig, aromatisch geurend; groen, duidelijk geaderd. Stralend scharlakenrode lipbloemen zitten in schijnkransen boven elkaar. Bloeitijd juni tot augustus.

STANDPLAATS: zon of halfschaduw, warm; voedselrijke, humusrijke, matig vochtige, doorlatende grond.

TOEPASSING: sterke langbloeier voor bonte borders en bosranden in de halfschaduw. Grassen, wit bloeiende astilbe, zilverkaars, gele daglelies, guldenroede of rudbeckia zijn goede begeleiders. De bergamotplant is een houdbare snijbloem en een solide kuipplant.

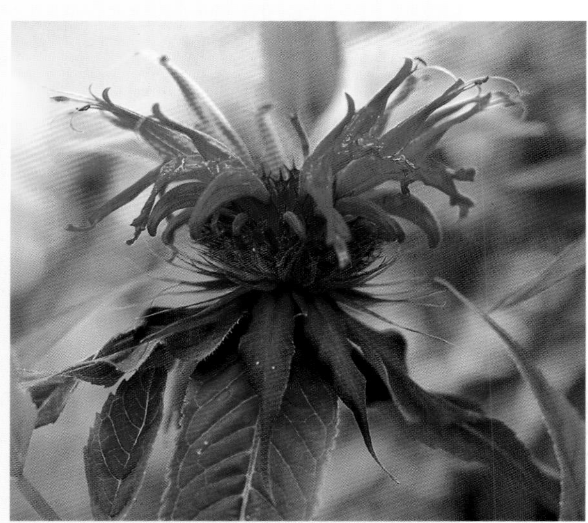

VERZORGINGSTIP: in de zomer niet laten uitdrogen, in de winter beschermen tegen overmatige nattigheid. Laat in de herfst of aan het einde van de winter stevig terugsnoeien.

VERMEERDERING: in het voorjaar zaaien of delen, van het late voorjaar tot de zomer topstekken of grondstekken knippen.

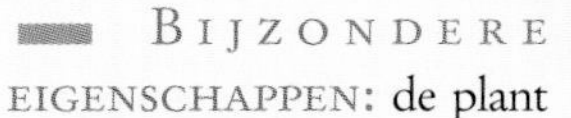

BIJZONDERE EIGENSCHAPPEN: de plant is geliefd bij vlinders. De naar bergamot geurende bladeren van *M. didyma* worden ook tegenwoordig nog gebruikt voor het op smaak brengen van thee. Bij de Indianen werd de plant gebruikt als middel bij verkoudheid.

AANBEVOLEN CULTIVARS: de oude bekende 'Beauty of Cobham' vormt lilaroze bloemen boven purpergroen blad, 'Cambridge Scarlet' bloeit scharlakenrood. De stralend roze 'Marshall's Delight' en de lila bloeiende 'Mohawk' zijn nieuw op de markt. De bloemen van 'Schneewittchen' zijn stralend wit.

Myosotis sylvatica
Bos-vergeet-mij-nietje

Standplaats:
☼ – ◐

Toepassing:
B F G

Eigenschappen:
✂

FAMILIE: Ruwbladigen *(Boraginaceae)*

HERKOMST: de soort, een beschermde plant, is inheems in Europa en komt tot in Azië voor. Naast de wilde vorm is er inmiddels een groot aantal cultivars.

GROEI: 10–30 cm hoog, afhankelijk van de cultivar; wortelstandige bladrozetten, bossig tot smal opgaand.

BLAD EN BLOEMEN: langwerpig, donzig behaard; donkergroen. Ontelbare kleine, afhankelijk van de cultivar blauwe, roze of witte bloemetjes verstoppen het blad bijna volledig. Bloeitijd april tot juni.

STANDPLAATS: zon of halfschaduw, koel; voedselrijke, humusrijke, leemhoudende, losse grond.

TOEPASSING: vrolijk gekleurde voorjaarsbloeier voor borders en omlijstingen, plantenbakken en kleine boeketten. Hij is goed te combineren met bolletjes van het seizoen en neemt met zijn natuurlijke charme zijn plek in de wilde tuin in.

VERZORGINGSTIP: een snoeibeurt na de bloei voorkomt, dat de plant zaad gaat vormen. Lange, koude winters doorstaat hij vaak alleen wanneer hij beschermd wordt.

VERMEERDERING: de plant wordt meestal als tweejarige gekweekt. Als u het zaad in de zomer niet direct ter plekke uitzaait, kan in het voorjaar in huis worden gezaaid en in de zomer of het volgende voorjaar worden geplant.

AANBEVOLEN CULTIVARS: de compacte 'Blue ball' (15 cm) staat prachtig in kommen en bloembakken op het balkon, 'Blauer Strauß' (30 cm) is een ideale snijbloem. 'Dunkelblauer Turm' (25 cm) is geschikt voor borders en voor boeketten. De cultivar 'Rosylva' heeft roze bloemen (20 cm).

ANDERE SOORTEN: het moeras-vergeet-mij-nietje *(M. palustris)* staat het liefst aan de waterkant. Zijn donkerblauwe bloemen verschijnen onvermoeibaar van mei tot september. De cultivar 'Thüringen' bloeit lichtblauw.

Nepeta racemosa 'Superba'
Kattekruid

Standplaats:
-☼-

Toepassing:
B F S

Eigenschappen:

FAMILIE: Lipbloemigen *(Lamiaceae)*

HERKOMST: de wilde soort (syn. *N. x faassenii*, *N. mussinii*) komt voor in de Kaukasus en Iran.

GROEI: 25 cm hoog; bossig, polvormig.

BLAD EN BLOEMEN: smal eivormig, aromatisch geurend; grijsgroen. De tweelippige, diep lavendelblauwe bloemen zijn in schijnkransen aan de stengels gerangschikt. Bloeitijd mei tot september.

STANDPLAATS: zonnig, warm; doorlatende, droge grond.

TOEPASSING: bloemenplant voor borders en hellingen in de volle zon, rots- en steppetuin of in het oog vallende daktuinen. Als omlijsting van paadjes en terrassen is hij zeer geschikt, evenals voor plantenbakken of in combinatie met rozen. De cultivars laten zich zeer goed met elkaar combineren.

VERZORGINGSTIP: een snoeibeurt na de eerste bloei en vervolgens bemesten stimuleert de nabloei. In de late herfst of

aan het einde van de winter snoeit u dan de vaste plant weer tot de grond terug.

VERMEERDERING: in het voorjaar delen, van zomer tot herfst zachte tot halfrijpe stekken knippen.

BIJZONDERE EIGENSCHAPPEN: de typische geur trekt katten aan, die graag in het kruid rollen of ervan eten. De bloemen zijn geliefd bij bijen en vlinders.

AANBEVOLEN CULTIVARS: 'Grog' wordt gekenmerkt door donker lilablauwe bloemen, opvallend lilarode kelken en een citroenachtige geur. De wit bloeiende 'Snowflake' blijft met 25 cm laag, maar groeit in de breedte.

ANDERE SOORTEN: *N. x faassenii* 'Six Hills Giant' is een geliefde cultivar met lavendelblauwe bloemen (50 cm). De roze bloemen van *N. grandiflora* 'Dawn to Dusk', een grootbloemig kattekruid, groeien tot een hoogte van 60 cm.

Nymphaea-Hybriden
Waterlelie

Standplaats:
☼

Toepassing:
W

Eigenschappen:

FAMILIE: Waterleliefamilie *(Nymphaeaceae)*

HERKOMST: uit kweek. De soorten komen over de hele wereld voor.

GROEI: de bladeren drijven op het wateroppervlak, de bloemen meestal daarboven; wortelt in de bodem.

BLAD EN BLOEMEN: rond, met een doorsnede tot 30 cm; groen tot roodbruin. rozettenachtige komvormige bloemen, soms halfrond, ster- of tulpvormig, ook geurend, afhankelijk van de cultivar in rode, roze, gele of witte kleurtinten. Bloeitijd juni tot september.

STANDPLAATS: zonnig; leemachtige bodem, warm, kalkarm water, voor een waterdiepte van 30–80 cm, afhankelijk van de cultivar.

TOEPASSING: drijvende bladplant voor grote en kleine tuinvijvers en waterbakken. De bloemen blijven goed in de vaas, wanneer u ze na het afknippen ongeveer 30 minuten in de zon legt tot ze zich sluiten.

VERZORGINGSTIP: tropische, niet winterharde cultivars in huis laten overwinteren (bijvoorbeeld in een emmer met vochtig zand). Alle andere kunnen bij een waterdiepte vanaf 50 cm buiten blijven. In manden geplante exemplaren regelmatig bemesten en elke twee tot drie jaar verpotten.

VERMEERDERING: in het voorjaar delen, stekken afscheuren, rizoomstekken knippen of zaaien.

AANBEVOLEN CULTIVARS: het aanbod is enorm. Naast de bloemkleur moet u echter rekening houden met de bodemdiepte en de winterhardheid van elke cultivar. Sterke standaardcultivars zijn 'Attraction' met roze bloemen en een geel hart, de rood bloeiende 'Escarboucle', 'Hermine' met witte stervormige bloemen, de rozerode 'James Brydon', 'Marliacea Albida' met witte, geurende bloemen of de lichtgele 'Marliacea Chromatella'. Voor ondiep water zijn dwergwaterlelies geschikt.

Oenothera fruticosa
Heesterteunisbloem

Standplaats:

Toepassing:
B F S

Eigenschappen:

FAMILIE: Teunisbloemfamilie *(Onagraceae)*

HERKOMST: de soort, die ook onder zijn synoniem *O. tetragona* zeer bekend is, stamt uit Noord-Amerika.

GROEI: 60 cm hoog; opgaand, losse pollen vormend.

BLAD EN BLOEMEN: lancetvormig; diepgroen, met een bronskleurig waas. Grote, komvormige bloemen, stralend in een goudgele kleur. Bloeitijd juni tot augustus.

STANDPLAATS: zonnig en warm; voedselrijke, diepe, droge tot matig vochtige, doorlatende bodem.

TOEPASSING: deze veelzijdige bloemenplant is geschikt voor borders en borderranden, voor natuurlijke bloemenweiden en rotstuinen, voor plantenbakken en als snijbloem. De stralende bloemkleur komt vooral als hij in groepen geplant wordt goed tot zijn recht. Aster, brandende liefde, ereprijs, hoge campanula, kattekruid of salviasoorten zijn gelijkwaardige buren.

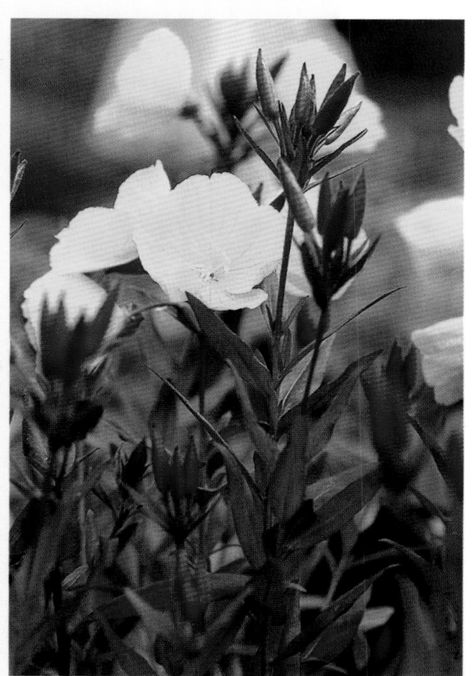

VERZORGINGSTIP: als de plant meerjarig wordt gekweekt zorgt een fikse snoei in de herfst, maar uiterlijk aan het einde van de winter, voor een vroege bloei.

VERMEERDERING: in het voorjaar zaaien of tot aan het begin van de zomer zachte stekken knippen. De moderne hybridencultivars worden meestal alleen als een- of tweejarige gekweekt.

BIJZONDERE EIGENSCHAPPEN: de bloemen gaan pas 's avonds open en trekken met hun zoetige geur (nacht)vlinders aan.

AANBEVOLEN CULTIVARS: de geel bloeiende 'Fyrverkeri' heeft opvallende rode knoppen (40 cm). 'Hohes Licht' bloeit lichtgeel, 'Sonnenwende' goudgeel boven roodachtig blad (beide 60 cm).

ANDERE SOORTEN: de geel bloeiende, tot 20 cm hoge teunisbloem *(O. macrocarpa)* is ideaal voor rotstuinen en omlijstingen. *O. speciosa* biedt roze bloeiende cultivars.

Onoclea sensibilis
Bolletjesvaren

Standplaats:

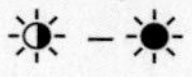

Toepassing:

G W

Eigenschappen:

FAMILIE: Wijfjesvarenfamilie *(Woodsiaceae)*

HERKOMST: het geslacht bestaat slechts uit één soort, die in de vochtige gebieden van Noord-Amerika en Oost-Azië inheems is.

GROEI: 40–50 cm hoog; door kruipende rizomen dichte varenpollen vormend.

BLAD: de steriele bladeren zijn breed, diep geveerd, lichtgroen, in de herfst geelbruin. In de zomer lopen smalle, opgaande, sporendragende bladeren uit, waarop als aan een parelketting geregen veren de sporendozen omhullen.

STANDPLAATS: halfschaduw tot schaduw, aan de vijverrand ook zonniger, hoge luchtvochtigheid, beschut tegen de wind; voedselrijke, humusrijke, vochtige tot natte, bij voorkeur zure bodem.

TOEPASSING: door zijn uitbreidingsdrang is deze varen een goede keus voor de wat grotere tuin. Hij groeit in de schaduw van bomen en muren en aan de rand van een vijver of waterloop. Samen met andere schaduw verdragende vaste planten zoals gei-

tenbaard, zilverkaars, hosta of koningsvaren vormt hij ook in een wat donkerder hoek mooie plantengroepen. Gedroogde sporendragende bladeren kunnen in boeketten verwerkt worden.

VERZORGINGSTIP: het verdient aanbeveling de grond voor het planten te verbeteren met schorshumus, bladcompost en houtsnippers. Varens staan graag jarenlang op dezelfde plek.

VERMEERDERING: in het voorjaar delen.

BIJZONDERE EIGENSCHAPPEN: de steriele bladeren sterven af, maar de sporendragende bladeren overleven de winter.

ANDERE SOORTEN: de elegante venushaar *(Adiantum pedatum)* groeit graag in dezelfde omstandigheden als de bolletjesvaren. Opvallend is zijn groene blad met zwarte stelen en de gele tot koperkleurige herfsttint.

Osmunda regalis
Koningsvaren

Standplaats:
☀̣ – ☀

Toepassing:
W G

FAMILIE: Koningsvarenfamilie *(Osmundaceae)*

HERKOMST: de soort is oorspronkelijk afkomstig uit Canada en Noord-Amerika. In de natuur groeit hij in veenachtige bosgebieden, tegenwoordig is het een beschermde plant.

GROEI: 100–120 cm hoog; opgaand, losse pollen vormend.

BLAD: steriel blad breed langwerpig, dubbel geveerd, tot 200 cm lang, lichtgroen. Op de binnenste bladeren vormen zich bruine sporendozen.

STANDPLAATS: halfschaduw tot schaduw; voedselrijke, humusrijke, zure, vochtige, maar niet ondergelopen grond.

TOEPASSING: deze decoratieve varen groeit bijzonder graag in vochtige gebieden langs een vijver of waterloop. Bovendien staat hij graag in de schaduw van bomen. Als solitair geplant komt zijn gestalte bijzonder goed tot zijn recht. Naast hem kunt u astilbe, monnikskap, elfenbloem en primula planten.

Verzorgingstip: ook de koningsvaren staat graag jarenlang ongestoord op dezelfde plek. Daarom wordt ook aangeraden de grond voor het planten met schorshumus, bladcompost en houtsnippers te verbeteren.

Vermeerdering: laat in het voorjaar het rijpe zaad meteen zaaien, omdat het anders niet goed meer ontkiemt. Grote groepen in de lente delen.

Bijzondere eigenschappen: de koningsvaren hoort tot de grootste varens ter wereld.

Aanbevolen cultivars: 'Gracilis' blijft met een hoogte van 60–80 cm compact. De kleine koningsvaren krijgt in de herfst een opvallende bruine kleur. De cultivar 'Purpurascens' is prachtig met koperrood blad (120 cm).

Oxalis-Arten

Klaverzuring

Standplaats:

Toepassing:

S G

Eigenschappen:

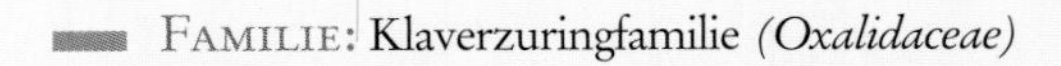

FAMILIE: Klaverzuringfamilie *(Oxalidaceae)*

HERKOMST: het geslacht omvat ongeveer 500 soorten, die overwegend in Zuid-Afrika en Zuid-Amerika inheems zijn. Enkele soorten groeien in koelere bosgebieden van Europa tot Midden-Azië.

GROEI: 10–15 cm hoog; kussenvormig, door bollen, rizomen of knollen uitbreidend.

BLAD EN BLOEMEN: handvormig, klaverachtig; afhankelijk van de cultivar licht- tot donkergroen, soms met een zilverachtige glans, of roodachtig bruin. Trechter- tot komvormige bloemen, vaak in roze tinten, *O. lobata* bloeit geel. Bloeitijd afhankelijk van de soort van april tot september.

STANDPLAATS: soorten uit warme klimaten hebben een matig voedzame, doorlatende bodem in de zon nodig; soorten uit bosgebieden groeien in de halfschaduw en in de schaduw op voedzame, humusrijke, vochtige, liefst zure grond.

TOEPASSING: zonminnende soorten als *O. adenophylla* of *O. bowiei* vormen een verrijking van elke rotstuin. Ze groeien ook graag van een muurtje naar beneden. Soorten zoals *O. acetosella*, die uit bosgebieden afkomstig zijn, vormen bloeiende tapijten onder bomen. In bakken en plantenbakken kunt u de klaverzuring op het balkon en het terras laten groeien, als potplant groeit hij ook in een koele kamer.

VERZORGINGSTIP: soorten als *O. bowiei*, die warmte nodig hebben, in koude gebieden enige winterbescherming bieden.

VERMEERDERING: in het vroege voorjaar zaaien. Afhankelijk van de soort knollen of bollen lossnijden of rizomen delen.

BIJZONDERE EIGENSCHAPPEN: blad en bloemen gaan over het algemeen alleen open als de zon schijnt. Ze blijven 's nachts en als het regent dicht.

Paeonia-Lactiflora-Hybriden

Pioenroos

Standplaats:

Toepassing:

B

Eigenschappen:

!

FAMILIE: Pioenroosfamilie *(Paeoniaceae)*

HERKOMST: de Chinese pioenroos (syn. *P. albiflora, P. sinensis*) is afkomstig uit China, Tibet en Siberië.

GROEI: 60–100 cm hoog; breed struikvormig, polvormend.

BLAD EN BLOEMEN: geveerd of dubbel drietallig, sterk; donkergroen, soms blauw- of grijsgroen. De soort bloeit enkel wit tot roze en geurt. Er zijn cultivars met enkele, komvormige tot dicht gevulde, bolvormige bloemen in witte, gele, roze en rode tinten, waarvan sommige geuren. Bloeitijd mei tot juni.

STANDPLAATS: zonnig en warm; voedselrijke, leemachtige, diepe, losse, matig vochtige, licht zure bodem.

TOEPASSING: deze typische vaste plant voor de boerentuin past als structuurplant goed in de vaste-plantenborder. Hij staat goed naast lupine, ridderspoor of salvia. Snijbloemen blijven lang goed, als u ze in de knop of halfopen afknipt.

Verzorgingstip: de planten staan graag lang op dezelfde plaats. Ze hebben drie of vier jaar en voldoende ruimte nodig, om zich in al hun schoonheid te laten zien. Vanaf het tweede jaar kunt u in het voorjaar bemesten met stikstofarme universele mest, in de herfst een voorraadje Thomasmeel en kalium. Als u enkele knoppen verwijdert, komen er aan de andere bijzonder grote bloemen.

Vermeerdering: vroeg in de herfst de knollige wortels in stukjes snijden en het oog slechts ongeveer 3 cm diep planten.

Bijzondere eigenschappen: alle onderdelen van de plant kunnen bij consumptie misselijkheid veroorzaken.

Aanbevolen cultivars: 'Sarah Bernhardt' is een oude cultivar met grote gevulde, geurende, lichtroze bloemen met een zilveren glans. 'Raspberry Sundae' valt op met zijn framboosroze, in het hart met geel en roze gevulde, geurende bloemen.

Paeonia 'Madame Stuart Low'
Boompioen

Standplaats:
☼

Toepassing:
B

Eigenschappen:
✂ ⚠

FAMILIE: Pioenroosfamilie *(Paeoniaceae)*

HERKOMST: uit kweek. De wilde vorm is afkomstig uit Bhutan, Tibet en Noordwest-China. De cultivars worden tegenwoordig tot de Paeonia Suffruticosa-groep (syn. *P. suffruticosa*) gerekend.

GROEI: 100–150 cm hoog; opgaand, weinig vertakt.

BLAD EN BLOEMEN: dubbel geveerd, enkele bladeren eivormig spits; donkergroen, aan de onderkant blauwgroen. Groet, halfgevulde, hardroze bloemen met een zijdeachtige glans en goudgele meeldraden. Bloeitijd mei tot juni.

STANDPLAATS: zonnig en warm; voedselrijke, vochtige, maar doorlatende grond.

TOEPASSING: deze grootbloemige sierstruik is goed op zijn plaats in vaste-plantenborders en -borderranden. Hij staat het beste als solitair en neemt zo de functie van een structuurplant op zich. Boeketten blijven lang goed in de vaas, wanneer u de bloemen in de knop of halfopen afknipt.

VERZORGINGSTIP: in de eerste winter nadat hij geplant is tegen de vorst beschermen; vooral late vorst kan de jonge uitlopers beschadigen. Zaaddozen verwijderen.

VERMEERDERING: soorten kunt u in de zomer zaaien, maar het duurt een aantal jaar totdat ze bloeien. Cultivars worden geënt. Ze moeten in de herfst geplant worden, de entplaats moet minstens 10–15 cm in de aarde komen.

BIJZONDERE EIGENSCHAPPEN: hoewel boompioenen botanisch gezien tot de verhoutende struiken behoren, worden ze als begeleidende planten vaak in het assortiment vaste planten opgenomen.

AANBEVOLEN CULTIVARS: er zijn enkele en gevulde cultivars in roze, rode, witte en gele tinten. 'Souvenir de Ducher' bloeit met grote, kogelronde, karmozijnrode bloemen. De purperviolette bloemen van 'Chinese Dragon' zitten boven groen blad met bronskleurige punten. 'Yoshinogawa' heeft halfgevulde, roze bloemen.

Panicum virgatum 'Rotstrahlbusch'

Vingergras

Standplaats:

Toepassing:

B F W

Eigenschappen:

FAMILIE: Grassenfamilie *(Poaceae)*

HERKOMST: uit kweek. Het gras komt van Canada tot in Californië en Mexico van nature voor.

GROEI: 120 cm hoog; uit de bladpollen steken opgaande bloemhalmen omhoog.

BLAD EN BLOEMEN: lijnvormig, rietachtig, opgaand tot licht gebogen; groen met een bruine glans en vroeg rode herfstkleuring. Korte bruinachtige aren zitten in fijne, losse pluimen. Bloeitijd juli tot september.

STANDPLAATS: zonnig; voedselrijke, diepe, ook leemachtige, matig droge tot vochtige, doorlatende bodem.

TOEPASSING: groot, maar fijnmazig solitairgras voor de vaste-plantenborder en -borderrand, gras- en heidetuinen of aan de rand van de vijver. In kuipen groeit hij op terras of balkon, waar hij door zijn formaat een goede bescherming tegen inkijk

kan bieden. De fijne, in de herfst fraai gekleurde bloempluimen zijn geschikt als snij- en droogbloemen.

VERZORGINGSTIP: met rijp bedekte grassen bieden ook in de winter een mooie aanblik, daarom worden ze pas in het voorjaar teruggesnoeid. Kuipplanten moeten in de zomer regelmatig begoten en bemest worden.

VERMEERDERING: al aan het einde van de winter in huis zaaien of in het voorjaar delen.

AANBEVOLEN CULTIVARS: 'Hänse Herms' krijgt al in augustus een bruinrode kleur, in de herfst wordt hij stralend koperrood (bladpol 60 cm, bloemen 80 cm). 'Heavy Metal' is helemaal bedekt met een blauwgroen waas en groeit stijf opgaand (80/120 cm). 'Rehbraun' kenmerkt zich door de aantrekkelijke bruine kleur van het blad en de aren (60/80 cm).

Papaver orientale
Oosterse klaproos

Standplaats:
☼

Toepassing:
B F

Eigenschappen:
✂ **!**

FAMILIE: Papaverachtigen *(Papaveraceae)*

HERKOMST: de ook als Oosterse papaver bekend staande soort kwam vanuit Voor-Azië naar de Europese tuinen.

GROEI: 60–100 cm hoog; polvormig uitbreidend, uit bossige pollen steken behaarde bloemstelen naar boven.

BLAD EN BLOEMEN: geveerd, diep ingesneden; groen, zilverachtig behaard. De grote, oranjerode, zijdeachtige komvormige bloemen hebben aan de basis een zwarte vlek. Ze zitten aan lange bloemstelen. Bloeitijd mei tot juli, afhankelijk van de cultivar.

STANDPLAATS: zonnig en warm; voedselrijke, doorlatende, diepe, matig droge bodem zonder wateroverlast.

TOEPASSING: stralende kleurige plant voor borders en borderranden, die ook graag tegen een warme muur op het zuiden groeit. Samen met kattekruid, lupine, ridderspoor, zonneoog of zonnekruid vormt hij een fraaie groep planten. Als u de bloemen in de knop afknipt blijven ze lang goed in de vaas.

Verzorgingstip: omdat de papaver na de bloei afsterft (maar in de herfst weer uitloopt), kunt u hem het beste in het midden of achteraan in de border planten. Hij wordt niet graag verzet, tijdens natte koude winters valt hij vaak uit. Direct na de bloei snoeien stimuleert een tweede bloei in de herfst.

Vermeerdering: soorten in het voorjaar zaaien; van cultivars in de late herfst ongeveer 8 cm lange wortelstekken snijden.

Bijzondere eigenschappen: bij het snijden moet u erop letten dat de stengels een giftig melksap bevatten.

Aanbevolen cultivars: 'Abu Hassan' valt op met gefranjerde, roze bloemblaadjes, 'Beauty of Livermere' heeft donker scharlakenrode bloemen. 'Lambada' bloeit wit met een rode rand en blijft met een hoogte van 60 cm compacter. De witte bloemen van 'Perry's White' zijn aan de basis zwart.

Pennisetum alopecuroides
Lampenpoetsergras

Standplaats:

☼

Toepassing:

B F W

Eigenschappen:

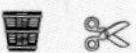

FAMILIE: Grassenfamilie *(Poaceae)*

HERKOMST: de vanwege zijn kolfachtige bloemen lampenpoetsersgras genoemde vaste plant (syn. *P. compressum*) is afkomstig uit Korea, Japan en de Filippijnen.

GROEI: 80 cm hoog; losse, compacte pollen vormend.

BLAD EN BLOEMEN: smal lijnvormig, licht gebogen; grijsgroen. Donzig behaarde, roodbruine aren zweven boven de pol. Bloeitijd juli tot september.

STANDPLAATS: zonnig en warm, beschut; voedselrijke, niet te droge, goed doorlatende grond.

TOEPASSING: het decoratieve siergras is zowel alleen als in groepen een blikvanger. Hij past in de borderrand met vaste planten, aan de waterkant, in tuinen met alleen maar grassen of in de heidetuin. Goede buren zijn herfstbloeiende vaste planten zoals aster, rudbeckia of duifkruid. Hij is ook als kuipplant een aanrader, de bloemen zijn geschikt voor boeketten.

VERZORGINGSTIP: wie dat wil, kan het afgestorven blad in de winter afsnijden; de eigenlijke snoei vindt pas in het voorjaar plaats.

VERMEERDERING: in het voorjaar zaaien; cultivars delen tot in de voorzomer.

BIJZONDERE EIGENSCHAPPEN: dit uiterst vorstbestendige gras is ook in koudere zomers een betrouwbare bloeier. Hij houdt echter niet van winterse nattigheid. De bloemen blijven tot ver in de winter prachtig om te zien.

AANBEVOLEN CULTIVARS: 'Compressum' vormt roodbruine aren en valt op door de stralend gele herfstkleur van het blad. De cultivar wordt inclusief bloemen 80 cm hoog. De rijk bloeiende 'Hameln' wordt slechts 60 cm hoog, 'Little Bunny' is met zijn 15 cm ideaal voor potten en balkonbakken.

ANDERE SOORTEN: *P. orientale* is over het geheel genomen sierlijker, maar gevoeliger voor vorst en een goede keus voor de rotstuin.

Penstemon barbatus
Schildpadbloem

Standplaats:

Toepassing:

B F

Eigenschappen:

FAMILIE: Leeuwebekjesfamilie *(Scrophulariaceae)*

HERKOMST: de soort is afkomstig uit het zuidwesten van de Verenigde Staten en Mexico. Er zijn talrijke hybride cultivars in de handel.

GROEI: 100 cm hoog; opgaand, bossig, breidt zich door kruipende wortelstokken polvormig uit.

BLAD EN BLOEMEN: grondbladeren langwerpig ovaal, stengelbladeren lancetvormig; frisgroen, glanzend. Trechtervormige, roze bloemen zitten losjes hangend aan smalle trossen verspreid. Bloeitijd juni tot september.

STANDPLAATS: zonnig en warm; voedsel- en humusrijke, matig vochtige, doorlatende grond.

TOEPASSING: bloemenplant voor zonnige borders en borderranden. Hij groeit graag tegen een warme zuidmuur op en is als kuipplant en als snijbloem geliefd. Ereprijs, guldenroede, meisjesogen, heesterteunisbloem, grootbloemige margriet of salvia hebben in zijn nabijheid een bijzonder fraai effect.

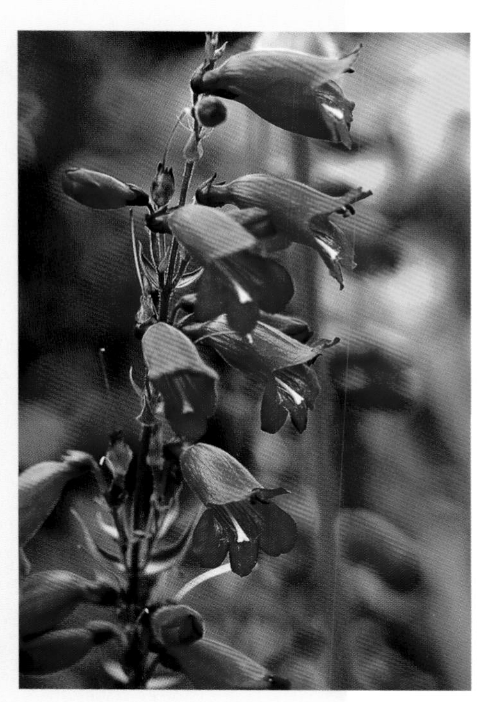

▬ VERZORGINGSTIP: als u regelmatig bloemen afknipt voor in de vaas, dan bloeit de vaste plant betrouwbaar door. Laat in de herfst wordt hij gesnoeid en met droog blad of rijshout afgedekt, in koude gebieden kan hij beter naar binnen gehaald worden. Hybriden worden vaak alleen eenjarig gekweekt.

▬ VERMEERDERING: vroeg in het voorjaar binnenshuis zaaien. Van de late lente tot in de zomer geknipte stekken ontwikkelen zich snel tot bloeiende planten.

▬ AANBEVOLEN CULTIVARS: 'Schönholzeri' is een hybride cultivar met grote, op vingerhoedskruid lijkende, scharlakenrode bloemen. 'Blue Springs' heeft gentiaanblauwe bloemen en wordt slechts 30 cm hoog.

▬ ANDERE SOORTEN: *P. digitalis* 'Husker's Red Strain' biedt met zijn witte bloemen boven brons- tot purperkleurig blad een buitengewone aanblik.

Phlox paniculata
Borderflox

Standplaats:

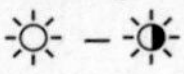

Toepassing:

Eigenschappen:

FAMILIE: Vlambloemfamilie *(Polemoniaceae)*

HERKOMST: de ook als vlambloem bekende plant komt uit het oostelijke deel van Noord-Amerika. Er zijn talrijke hybriden in de handel.

GROEI: 40–120 cm hoog; grote opgaande pollen vormend.

BLAD EN BLOEMEN: lancetvormig tot smal eivormig; frisgroen. Wielvormige enkele bloemen zitten in dichte halfronde bloemschermen. Cultivars bloeien in rode, roze, lila of witte tinten. Vooral tegen de avond kunt u hun aangename geur waarnemen. Bloeitijd juli tot september.

STANDPLAATS: zonnig; voedselrijke, humusrijke, diepe, vochtige, maar doorlatende, neutrale tot enigszins zure bodem. In de halfschaduw zet de bloei later in.

TOEPASSING: vrolijk gekleurde border- en snijbloem, die ook gedijt in een kuip. Passende buren zijn fijnstraal, ridderspoor, grootbloemige margriet, rudbeckia of grassen.

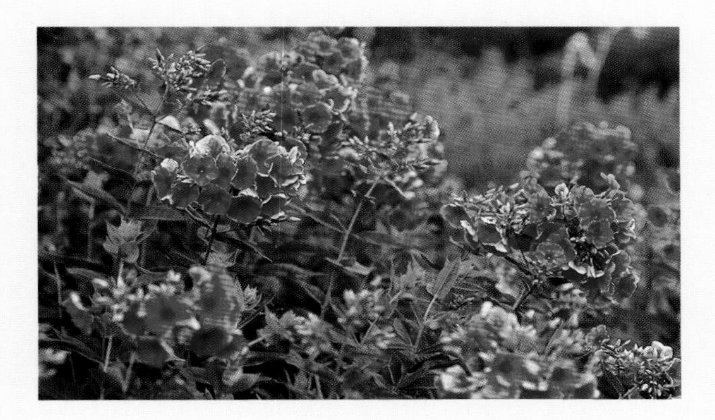

Verzorgingstip: in het voorjaar eenmalig universele mest of compost toedienen. De bloeitijd wordt verlengd, als u in juni een derde van de stengels snoeit. In koude gebieden of bij droge vorst is een winterdek nodig.

Vermeerdering: in het voorjaar of de zomer stekken; voor of na de bloei wortelstekken.

Bijzondere eigenschappen: misvormde stengels en achterblijvende groei duiden op stengelalen. Aangetaste planten of onderdelen van planten onmiddellijk verwijderen.

Aanbevolen cultivars: de roze bloemen van 'Landhochzeit' zijn versierd met een rood oog (120 cm), de purperrode bloemen van 'Wenn schon, denn schon' met een wit oog (90 cm). 'Blue Paradise' is een blauw bloeiende nieuwe cultivar (100 cm), 'Orange' en 'Windsor' bloeien stralend oranjerood (80 cm).

Phlox subulata 'Emerald Cushion Blue'
Borstelvlambloem

Standplaats:

☼

Toepassing:

S F

Eigenschappen:

FAMILIE: Vlambloemfamilie *(Polemoniaceae)*

HERKOMST: uit kweek. De soort, ook als kruipflox bekend, komt uit Noord-Amerika.

GROEI: 10–15 cm hoog; brede, vlakke zoden vormend.

BLAD EN BLOEMEN: naaldvormig, stijf, wintergroen; hardgroen. Stervormige, lichtpaarse bloemen vormen een ware bloemenzee. Daarnaast zijn er rood, roze, lila en wit bloeiende cultivars. Bloeitijd april tot juni.

STANDPLAATS: zonnig en warm; matig voedselrijke, humusrijke, zandige, doorlatende, matig droge grond.

TOEPASSING: vrolijk bloeiende zodenvormende vaste plant voor de rotstuin, ideaal als omlijsting van borders, terrassen en paadjes. Het is een prachtig gezicht als de borstelvlambloem over een muurtje groeit. Hij wordt aanbevolen voor het beplanten van troggen en voor daktuinen en vormt snel een dicht tapijt.

VERZORGINGSTIP: de plant beschermen tegen felle winterzon en strenge (droge) vorst.

VERMEERDERING: zoden in de herfst delen of in het voorjaar stekken.

AANBEVOLEN CULTIVARS: 'Scarlet Flame' bloeit scharlakenrood, de sterk groeiende 'Temiscaming' stralend purperrood. De bloemen van 'Candy Stripes' zijn vrolijk witroze gestreept. 'Violet Seedling' is betoverend met zijn roodachtig-violette bloemenpracht, 'White Delight' met zijn sneeuwwitte bloemen.

ANDERE SOORTEN: *P. divaricata* staat het liefst op een plek in de halfschaduw, maar groeit bij voldoende natte bodem ook in de zon. Van april tot juni verspreiden de blauwviolet bloeiende 'Clouds of Perfume' en zijn witte tegenhanger 'White Perfume' een aangename geur (beide 40 cm hoog).

Phyllostachys aurea
Gouden bamboe

Standplaats:

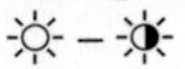

Toepassing:

G W F

Eigenschappen:

FAMILIE: Grassenfamilie *(Poaceae)*

HERKOMST: de natuurlijke vindplaats van de gouden bamboe of reuzenbamboe (syn. *Bambusa aurea*) is in de 's zomers warme bossen van Zuid-China, waar de luchtvochtigheid hoog is.

GROEI: 3–4 m hoog (oude planten tot 12 m); smal opgaand, bovenaan licht gebogen, polvormig, weinig uitlopers vormend, verhoutende struik.

HALMEN: tot 3 cm in doorsnee, beneden de knopen verdikt, knopen in het onderste deel vaak gezwollen, dicht bebladerd; groen, in de zon geel stralend.

BLAD: smal lancetvormig, wintergroen; geelgroen.

STANDPLAATS: zon of halfschaduw, uit de wind; voedselrijke, humusrijke, vochtige, doorlatende grond; de bamboe kan echter ook tegen droogte. Geschikt voor gebieden met zachte winters; bij temperaturen rond –12 °C kan schade aan het blad optreden, bij –20 °C kunnen alle bovengrondse onderdelen van de plant afsterven.

TOEPASSING: het exotische reuzengras zet als solitair in de tuin of langs de vijver, als heg of als bamboehaag maar ook als kuipplant in de wintertuin de toon. Hij geeft op natuurlijke wijze bescherming tegen inkijk.

VERZORGINGSTIP: de halmen in de winter samenbinden, in koude gebieden met strooien matten of iets dergelijks afdekken. Een licht dek van het wortelgebied met droog blad, snoeiafval of stro is over het algemeen aan te raden. Als de plant tegen schrale wind en winterzon beschermd wordt, kan hij beter tegen temperaturen onder nul. Kuipplanten tijdens de groeiperiode elke maand bemesten.

VERMEERDERING: in het voorjaar of de herfst delen.

ANDERE SOORTEN: de halmen van de zwarte bamboe *(P. nigra)* zijn, meestal vanaf het tweede jaar en afhankelijk van de cultivar, bruin of zwart gekleurd.

Platycodon grandiflorus
Ballonklokje

Standplaats:

☼ – ◐

Toepassing:

B S G F

Eigenschappen:

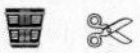

FAMILIE: Klokjesfamilie (*Campanulaceae*)

HERKOMST: de enige soort van het geslacht is afkomstig uit Oost-Azië.

GROEI: 50 cm hoog; opgaand, bossig, met knolvormige, verdikte wortels.

BLAD EN BLOEMEN: ovaal lancetvormig, aan de rand getand; hardgroen tot blauwgroenig. Uit ballonachtig opgezwollen knoppen ontwikkelen zich stralend blauwe, stervormige klokjesbloemen. Er zijn ook witte en roze cultivars. Bloeitijd juli tot augustus.

STANDPLAATS: zon of halfschaduw; voedselrijke, humusrijke, goed doorlatende, matig vochtige grond.

TOEPASSING: deze gemakkelijke vaste plant vormt een vrolijk gekleurde blikvanger in losse groepen vaste planten, in de rotstuin, aan de bosrand, in rozenborders en in kommen en balkonbakken. Met astilbe, spirea, heesterteunisbloem, anjer, lampepoetser, duifkruid of grassen als het vingergras vormt hij harmonische groepen. Hogere cultivars zijn geschikt als snijbloem.

▬ VERZORGINGSTIP: aangezien de vaste plant laat uitloopt, moet u de plaats waar de plant staat markeren en hem met groenblijvende of vroeg uitlopende partners combineren. Van laat in de herfst tot aan het einde van de winter kunt u hem krachtig terugsnoeien. Als de plant eenmaal gevestigd is, groeit hij het liefst ongestoord verder.

▬ VERMEERDERING: in het voorjaar zaaien.

▬ AANBEVOLEN CULTIVARS: bijzonder grote bloemen hebben 'Fuji White' (zuiver wit), 'Fuji Blue' (donkerblauw) en 'Fuji Pink' (roze). 'Album' bloeit wit met lichtblauwe nerven, de grote bloemen van 'Mariesii' zijn stralend lilablauw. De blauw bloeiende 'Zwerg' blijft met 15 cm zeer laag.

Polypodium vulgare
Eikvaren

Standplaats:

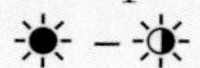

Toepassing:

S G

Eigenschappen:

FAMILIE: Eikvarenfamilie *(Polypodiaceae)*

HERKOMST: de beschermde eikvaren is inheems in de noordelijke, gematigde zones van de aarde, maar hij is ook op het Afrikaanse continent te vinden. Velen kennen hem onder de naam engelzoet.

GROEI: 20 cm hoog; opgaand tot gebogen, zich uitbreidend door kruipende wortelstokken.

BLAD: bladeren enkel geveerd, smal driehoekig, leerachtig, aan de onderkant met stippelachtige sporendozen, wintergroen; donkergroen.

STANDPLAATS: staat het liefst in de schaduw, ook halfschaduw; humusrijke, matig droge tot vochtige, zure grond.

TOEPASSING: een kleine varen voor de meeste schaduwrijke plaatsen in de tuin en de rotstuin. Daar groeit hij zeer graag in de schaduw van droge muren of zwerfstenen en in spleten van muren en rotsen. Aangezien hij nauwelijks woekert, is hij goed met andere schaduwplanten te combineren, bijvoorbeeld met

lelietje-van-dalen, wijfjesvaren, smalle stekelvaren of knikkend parelgras. Hij is eveneens aan te raden voor het beplanten van troggen en balkonbakken.

VERZORGINGSTIP: net als alle andere varens staat ook deze soort graag jarenlang ongestoord op dezelfde plaats.

VERMEERDERING: in het vroege voorjaar zaaien of delen.

AANBEVOLEN CULTIVARS: 'Bifidum Multifidum' valt op door zijn roodachtig getint, diep ingesneden blad, dat bovendien nog kuifachtig vertakt is. Met zijn compacte hoogte van 35 cm is hij geschikt voor kleine tuinen en plantenbakken.

ANDERE SOORTEN: De brede eikvaren *(P. interjectum)* heeft sterk geveerd, fijn vertakt blad. In de handel is vaak de 25 cm hoge cultivar 'Cornubiense', ook wel bekend staand als Cornwall-eikvaren, verkrijgbaar.

Polystichum tsus-simense

Koreaanse rotsvaren

Standplaats:

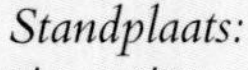

Toepassing:

S G

Eigenschappen:

FAMILIE: Niervarenfamilie *(Dryopteridaceae)*

HERKOMST: dit omvangrijke geslacht komt zowel in de alpiene als in de tropische gebieden van de aarde voor. Deze soort is inheems in China, Korea, Japan en Taiwan.

GROEI: tot 40 cm hoog; smal, blad aan opgaande rizomen rozettenvormig ('als een badmintonshuttle') gerangschikt.

BLAD: dubbel geveerd, breed lancetvormig, afzonderlijke veren spits en getand; dof donkergroen.

STANDPLAATS: halfschaduw tot schaduw, vochtige lucht; voedsel- en humusrijke, vochtige grond.

TOEPASSING: deze sierlijke varen is geschikt voor toepassingen in de rotstuin uit de zon en als kuipplant voor schaduwrijke patio's, terrassen en balkons. Hij is zeer fraai in combinatie met andere schaduwplanten zoals akelei, herfstanemoon, astilbe, primula of schaduwgrassen.

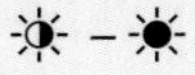

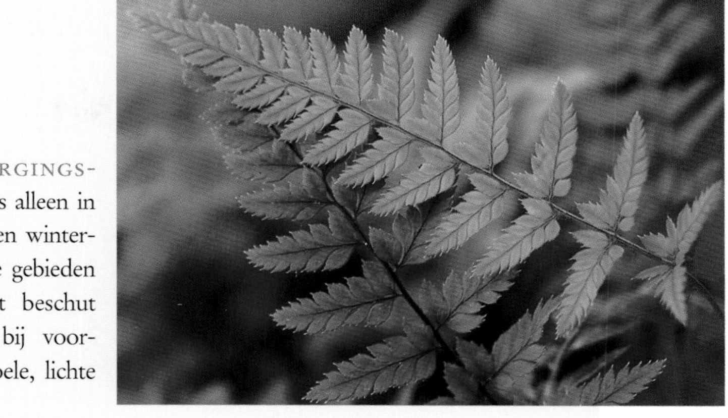

VERZORGINGSTIP: de soort is alleen in mildere gebieden winterhard. In koude gebieden moet de plant beschut overwinteren, bij voorkeur in een koele, lichte ruimte.

VERMEERDERING: u krijgt het snelste nieuwe planten door grotere exemplaren in het voorjaar te delen.

ANDERE SOORTEN: *P. setiferum* is een robuuste, winterharde soort met vele namen; u kent hem als naaldvaren of zachte naaldvaren. 'Plumosum Densum' wordt ongeveer 40 cm hoog en groeit breed trechtervormig. De drievoudig geveerde bladeren met de enigszins gekrulde en overlappende veren zijn licht- tot bronsgroen. 'Dahlem' wordt met zijn brede, bijna opgaande blad ongeveer 80 cm hoog, 'Herrenhausen' bereikt een hoogte van 40 cm en breidt zich door zijn lange bladeren vlak uit. De stijve naaldvaren *(P. aculeatum)* heeft ruwe leerachtige, glanzend groene, dubbel geveerde bladeren en verdraagt ook een plek in de zon.

Primula denticulata
Kogelprimula

Standplaats:

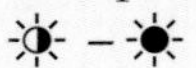

Toepassing:

S G F

Eigenschappen:

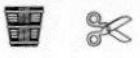

FAMILIE: Sleutelbloemachtigen *(Primulaceae)*

HERKOMST: de plant komt in het wild zowel in het hoogland van Afghanistan en West-China als in de Himalaya voor.

GROEI: 30–40 cm hoog; opgaande, stevige bloeiwijze, waarna grondstandige bladrozetten volgen.

BLAD EN BLOEMEN: spatelvormig, gerimpeld, fijn getand; dofgroen. De kogelronde bloem bestaat uit talloze zeer kleine, klokvormige bloemetjes. De soort bloeit seringkleurig, het kleurspectrum van de cultivars loopt van wit, roze, rood tot en met lila. Bloeitijd maart tot mei.

STANDPLAATS: halfschaduw tot schaduw, alleen bij voldoende bodemvochtigheid ook in de zon; humusrijke, vochtige, maar doorlatende grond.

TOEPASSING: bonte voorjaarsbloeier voor het uit de zon gelegen deel van rotstuin en bosrand, bijvoorbeeld onder rododendrons. Kleine groepen met verschillende kleuren zijn bijzon-

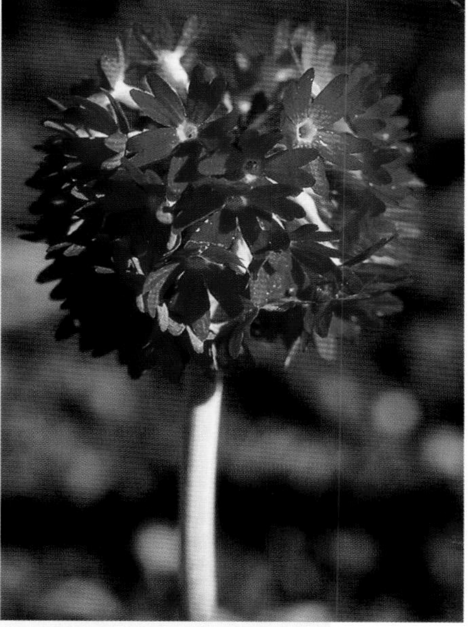

der mooi om te zien. De primula hoort bij de eerste bloeiers in kommen, balkonbakken en boeketten. Andere voorjaarsbloeiers zoals hyacinthen, tulpen, viooltjes of vergeet-mij-nietjes zijn passende buren, evenals varens of grassen.

VERMEERDERING: soorten in het voorjaar zaaien, cultivars na de bloei delen of in de winter wortelstekken snijden.

AANBEVOLEN CULTIVARS: 'Alba' draagt zuiver witte bloemen, 'Rubin' karmijnrode. 'Grandiflora' is een mengsel van lila, violette en roze tinten.

ANDERE SOORTEN: de ongeveer 20 cm hoge gewone sleutelbloem *(P. veris)* bloeit van april tot mei met lichtgele bloemen en geurt bovendien. Het is een populaire wilde plant voor natuurlijke tuinen en rotstuinen, zijn oranjerode keelvlekken lokken talrijke insecten aan.

Primula japonica
Kandelaberprimula

Standplaats:
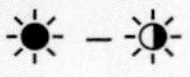

Toepassing:
W G S

Eigenschappen:

FAMILIE: Sleutelbloemachtigen *(Primulaceae)*

HERKOMST: Japan en Taiwan, op een hoogte van boven 3500 m op vochtige weiden of licht beboste moerasgebieden.

GROEI: 40–50 cm hoog; opgaande, stevige bloemstengels steken uit grondstandige bladrozetten omhoog.

BLAD EN BLOEMEN: langwerpig, spatelvormig, aan de rand geschulpt of getand; lichtgroen. Karmijnrode bloemen, etagegewijs in spiralen gerangschikt; Cultivars bestaan ook in roze en wit. Bloeitijd juni tot juli.

STANDPLAATS: halfschaduw tot schaduw, alleen op een zeer vochtige ondergrond ook in de zon; humusrijke, leemachtige, zure, vochtige tot natte grond.

TOEPASSING: deze vaste plant groeit graag in de nabijheid van water, ook op een moerasachtige bodem, of in de schaduw van struiken en bomen. Hij wordt bovendien aangeraden voor vochtige delen van de rotstuin. In plantenbakken gedijt hij bevredigend, als het substraat permanent vochtig gehouden

wordt. Akeleien, anemonen, leverbloempjes, viooltjes, varens of schaduwgrassen zijn fraaie partners van de primula.

VERMEERDERING: soorten in het voorjaar zaaien. Cultivars na de bloei delen om de bloemkleur te behouden.

AANBEVOLEN CULTIVARS: voor een witte bloemenpracht zorgt 'Alba', terwijl 'Atropurpurea' en 'Millers Crimson' karmijnrode tinten bijdragen. De witte bloemen van 'Postford White' hebben een rood oog.

ANDERE SOORTEN: een andere kandelaberprimula is *P. bulleyana*, wiens oranjerode tot gele, geurende bloemspiralen in juli-augustus verschijnen. De Tibetaanse sleutelbloem *(P. florindae)* betovert in juni-augustus met zijn zacht geurende, stralend gele bloemschermen. Hij wordt 60–80 cm hoog en heeft een permanent vochtige bodem nodig.

Pulsatilla vulgaris
Wildemanskruid

Standplaats:
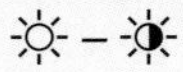

Toepassing:
S F

Eigenschappen:
!

FAMILIE: Ranonkelachtigen *(Ranunculaceae)*

HERKOMST: het gewone wildemanskruid of keukenschel is inheems in Europa en is een beschermde plant.

GROEI: 20 cm hoog; met een sterke wortelstok pollen vormend.

BLAD EN BLOEMEN: meervoudig geveerd, varenachtig, pas na de bloei uitlopend; eerst zilverachtig behaard, later dofgroen. Grote, klokvormige bloemen zitten opgaand of knikkend aan het eind van de stengels. De gele meeldraden vormen een sterk contrast met de van buiten donzig behaarde bloemblaadjes. Deze zijn bij de soort blauwviolet, bij de cultivars ook rood, roze of wit. Bloeitijd april tot mei.

STANDPLAATS: zon of halfschaduw, warm; matig voedselrijke, doorlatende, kalkhoudende grond.

TOEPASSING: een prachtige voorjaarsbode voor de rotstuin of steppetuin. De kleuren komen het mooiste uit in kleine toefjes. Alant, bergaster, rozenkransje, duizendblad, zonneroosje, dwergiris, blauw schapegras of vedergras zijn mooi als buren. Het wildemanskruid gedijt ook in potten.

VERZORGINGSTIP: deze vaste plant houdt niet van waterkoud weer.

VERMEERDERING: als het zaad rijp is direct zaaien, daar de kiemkracht snel vermindert. Cultivars in het voorjaar delen of na de bloei wortelstekken snijden; de planten worden echter niet graag gestoord.

BIJZONDERE EIGENSCHAPPEN: de bloemen zijn een geliefde bron van nectar. Na de bloemen komen zaadhoofdjes met lange zilverachtige haren, die tot in de zomer blijven zitten. Consumptie heeft misselijkheid tot gevolg, het plantsap veroorzaakt huidirritatie.

AANBEVOLEN CULTIVARS: 'Alba' bloeit roomwit, 'Pink Shades' roze, 'Rote Glocke' (syn. 'Rode Klokke') en 'Rubra' in stralende tinten rood. 'Papageno' is een mengsel van alle kleuren.

Ranunculus acris 'Multiplex'
Scherpe boterbloem

Standplaats:

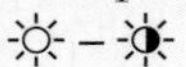

Toepassing:

W F B

Eigenschappen:

✄ **!**

FAMILIE: Ranonkelachtigen *(Ranunculaceae)*

HERKOMST: uit kweek. De wilde vorm, de beschermde plant grote boterbloem, is inheems in Europa, de Kaukasus en het westen van Siberië. In Noord-Amerika is hij ingeburgerd.

GROEI: 60 cm hoog; opgaand, bossig, breidt zich polvormig uit door korte uitlopers, maar woekert niet.

BLAD EN BLOEMEN: drie- tot vijfvoudig handvormig gedeeld, aan de rand getand; frisgroen. Gevulde, pompoenachtige, goudgele bloemen zweven eindstandig aan de vertakte bloeistelen boven het blad. Bloeitijd mei tot juni.

STANDPLAATS: zon of halfschaduw; voedselrijke, matig vochtige tot vochtige grond.

TOEPASSING: een populaire vaste plant voor de waterkant, bloemenweiden en natuurtuinen, die ook voor borderranden en als snijbloem geschikt is. U kunt hem het beste meteen in kleinere of grotere groepen planten. Akelei, spirea, kleine steentijm of kogelboterbloem maken het beeld compleet.

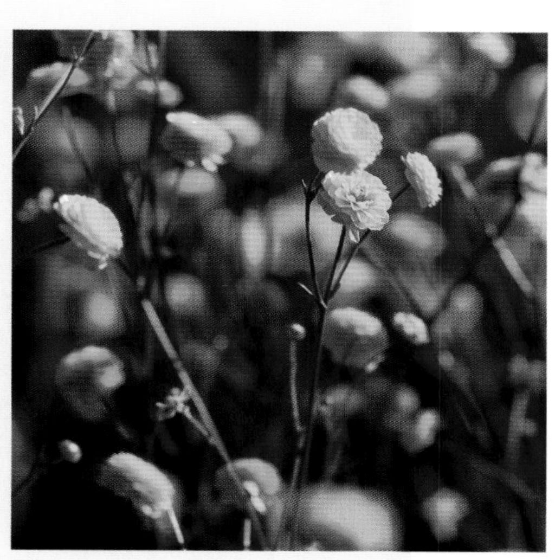

▬ VERZORGINGSTIP: De boterbloem mag niet te droog staan.

▬ VERMEERDERING: in de lente of de herfst delen. Soorten direct nadat het zaad gerijpt is zaaien; ouder zaad kiemt moeizaam.

▬ BIJZONDERE EIGENSCHAPPEN: giftige plant. Alle onderdelen van de plant veroorzaken misselijkheid bij consumptie.

▬ ANDERE SOORTEN: de waterranonkel *(R. aquatilis)* is een gemakkelijk te verzorgen drijfplantje voor tuinvijvers. In de zomer verschijnen boven het wateroppervlak komvormige, witte bloemen met een gele keel.

Rodgersia pinnata 'Superba'
Schout-bij-nacht

Standplaats:
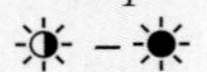

Toepassing:
G W

FAMILIE: Steenbreekachtigen *(Saxifragaceae)*

HERKOMST: de soort groeit in de bergbossen van de Chinese provincie Yunnan.

GROEI: 150 cm hoog; opgaand, los bossig, met vlak kruipende rizomen pollen vormend.

BLAD EN BLOEMEN: groot, zesdelig gelobd als een kastanjeblad, gerimpeld, sterk geaderd; in het voorjaar bronskleurig, in de herfst scharlakenrood gekleurd. Stervormige, veerachtige pluimen met eindeloos veel roze bloemetjes worden gedragen door stevige roodachtige stengels. Bloeitijd juni tot juli.

STANDPLAATS: halfschaduw tot schaduw, uit de wind; humusrijke, leemachtige, vochtige grond.

TOEPASSING: decoratieve blad- en bloemplant voor de bosrand en waterkant. Hij past vooral heel goed bij naaldbomen of rododendrons, uit de vaste planten kunt u als partner kiezen voor astilbe, monnikskap, zilverkaars, breedbladklokjes, varens en schaduwgrassen.

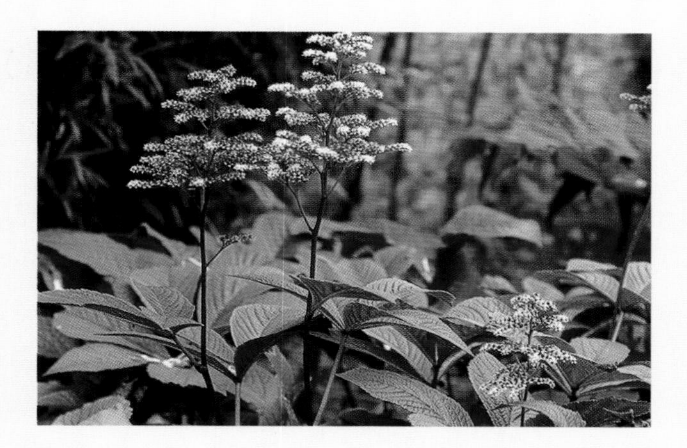

VERZORGINGSTIP: In de schaduw staat de plant liever wat droger, wateroverlast verdraagt hij over het algemeen niet.

VERMEERDERING: in het voorjaar delen of zaaien (bij voorkeur op vochtig mos).

BIJZONDERE EIGENSCHAPPEN: na de bloemen komen donkerrode zaaddozen.

AANBEVOLEN CULTIVARS: 'Elegans' is betoverend met geelachtig witte pluimen.

ANDERE SOORTEN: het decoratieve, bij het uitlopen bronskleurige blad van *R. podophylla* 'Rotlaub' kan een doorsnee van 50 cm bereiken. De geelachtig witte bloempluimen staan ermee in schitterend contrast.

Rudbeckia fulgida var. *sullivantii* 'Goldsturm'

Rudbeckia

Standplaats:

Toepassing:

B F

Eigenschappen:

FAMILIE: Samengesteldbloemigen *(Asteraceae)*

HERKOMST: uit kweek. De soort (syn. *R. sullivantii*) is in Noord-Amerika inheems, de wijd verbreide cultivar is ook bekend onder de naam Goldsturm-rudbeckia.

GROEI: 60 cm hoog; breed bossige bladpol, breidt zich door uitlopers uit.

BLAD EN BLOEMEN: grondbladeren groot, breed ovaal, stengelblad kleiner, lancetvormig, ruw behaard; donkergroen. Aan vertakte bloemstengels zitten margrietvormige bloemen met goudgele straalbloemen en een zwart hart. Bloeitijd juli tot september.

STANDPLAATS: zonnig; voedselrijke, matig vochtige, doorlatende grond.

TOEPASSING: deze stralende zomerplant met zijn lange bloeitijd mag niet ontbreken in vaste-plantenborders en -borderranden in de volle zon. Door zijn compacte vorm is de cultivar ook geschikt voor het beplanten van kuipen, zodat u er ook van

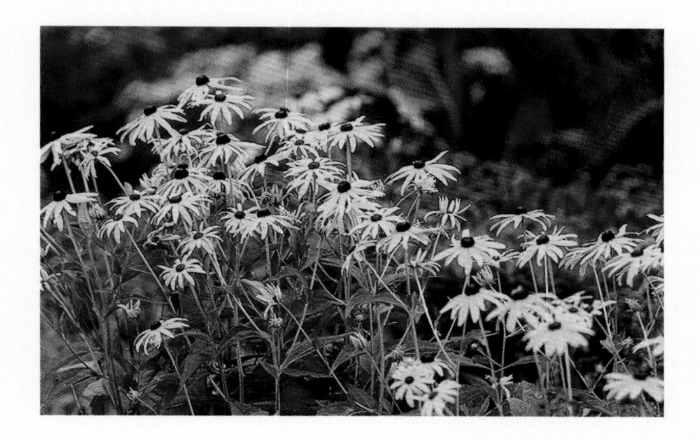

kan genieten op het terras of balkon. Bloemen en zaaddozen zijn een fraaie versiering voor (late) zomerboeketten. De rudbeckia is mooi in combinatie met aster, ridderspoor of salvia.

VERZORGINGSTIP: de overigens weinig eisen stellende vaste plant houdt niet van droogte. Als u de uitgebloeide bloemen niet meteen verwijdert, zijn de zaaddozen ook in de winter fraai om te zien.

VERMEERDERING: in het voorjaar delen. Verjongen door de plant elke vijf à zes jaar te verplanten zorgt voor een betere bloei.

ANDERE SOORTEN: *R. laciniata* 'Goldquelle' onderscheidt zich van de beschreven rudbeckia door zijn gevulde, pompoenachtige, citroengele bloemen. De gele *R. nitida* 'Herbstsonne' met enkele bloemen bereikt met gemak een hoogte van 200 cm.

Salvia nemorosa
Siersalie

Standplaats:

Toepassing:

B S F

Eigenschappen:

FAMILIE: Lipbloemigen *(Lamiaceae)*

HERKOMST: de vaste plant is wijdverbreid en komt van het oosten van Midden-Europa tot in Zuidwest-Azië voor.

GROEI: 40–60 hoog, enkele cultivars ook hoger, opgaand, bossig, polvormig uitbreidend.

BLAD EN BLOEMEN: lancetvormig, gerimpeld, aromatisch geurend; dofgroen. Buisvormige, tweelippige bloemen zitten in groten getale aan smalle, kaarsvormige aren. Cultivars bloeien blauw, violet, roze en wit. Bloeitijd mei tot september.

STANDPLAATS: zonnig en warm; voedselrijke, doorlatende, matig droge grond.

TOEPASSING: langbloeier voor borders, borderranden en rotstuinen, die voor het laten begroeien van hellingen in de volle zon net zo geschikt is als voor het beplanten van kuipen en balkonbakken. Hij staat graag in de nabijheid van rozen, meisjesogen, halfhoge rudbeckia of gipskruid.

VERZORGINGSTIP: als u de vaste plant na de bloei tot tweederde terugsnoeit, dan bloeit hij tot in de herfst. Een snoeibeurt tot op de grond in het voorjaar zorgt ervoor dat de plant weer bereidwillig uitloopt. In de winter beschermen tegen nattigheid en uitdrogende wind.

VERMEERDERING: in het voorjaar delen of zaaien, tot aan de zomer kunt u ook stekken snijden. Als de plant zich prettig voelt, zaait hij zichzelf rijkelijk uit.

BIJZONDERE EIGENSCHAPPEN: bijen en hommels dartelen graag rond de lange bloemaren.

AANBEVOLEN CULTIVARS: 'Blauhügel' bloeit zuiver blauw, 'Mainacht' in donker violet. Het bijzondere van 'Caradonna' is de donkerviolette bloemen aan bijna zwarte stelen. 'Rosakönigin' heeft rozerode bloemen, 'Rubin' rode, 'Adrian' en 'Schneehügel' witte.

Salvia sclarea
Muskaatsalie

Standplaats:

☼

Toepassing:

B F

Eigenschappen:

FAMILIE: Lipbloemigen *(Lamiaceae)*

HERKOMST: vindplaatsen zijn er in Zuid- en Oost-Europa, van Noord-Afrika tot in Centraal-Azië.

GROEI: 100 cm hoog; opgaand, rijk vertakt; tweejarig, dat wil zeggen dat in het eerste jaar na het zaaien de grote bladrozetten verschijnen, in het tweede jaar komen de bloemen tevoorschijn.

BLAD EN BLOEMEN: lancetvormig, tot 20 cm lang, gerimpeld, behaard, sterk geurend; middengroen. De kaarsvormige bloemen bestaan uit talloze roomwitte tot roze of seringkleurige enkele bloempjes. Bloeitijd juni tot augustus.

STANDPLAATS: Zonnig, warm, uit de wind; voedselrijke, doorlatende, matig droge grond.

TOEPASSING: een charmante bloemenplant voor achterin de border of borderrand. Als solitair, ook in de kuip, komt zijn schoonheid bijzonder goed tot zijn recht.

Vermeerdering: vanaf mei meteen buiten of in potten en bakken zaaien, het zaad lichtjes met aarde bedekken. Substraat vochtig houden, in koude gebieden tegen de winter beschermen. Als zijn standplaats hem bevalt zaait hij ook zelf uit.

Bijzondere eigenschappen: terwijl de bloemen bij bijen en hommels zeer geliefd zijn, geven de naar muskus geurende bladeren aan gerechten en aan cosmetica een bijzonder cachet. Gedroogd kan het blad in geurkussentjes verwerkt worden. De etherische olie wordt als afrodisiacum verhandeld.

Andere soorten: de in Europa inheemse veldsalie *(S. pratensis* subsp. *haematodes)* vult het assortiment aan. De dicht bebloeide bloempluimen van de cultivar 'Mittsommer' stralen van juni tot augustus in licht lavendelblauw (80 cm hoog).

Santolina chamaecyparissus
Heiligenbloem

Standplaats:

Toepassing:

S F

Eigenschappen:

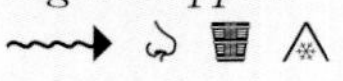

FAMILIE: Samengesteldbloemigen *(Asteraceae)*

HERKOMST: de ook cipressenkruid genoemde vaste plant is in het Middellandse-Zeegebied in de vrije natuur te vinden.

GROEI: 40 cm hoog; bossig vertakte, rondachtige zoden vormende, aan de basis verhoute halfheester.

BLAD EN BLOEMEN: fijn geveerd, groenblijvend, aromatisch geurend; zilvergrijs, donzig behaard. Kleine goudgele bloemhoofdjes zitten eindstandig aan de stelen. Bloeitijd juli tot augustus.

STANDPLAATS: zonnig en warm; voedselarme, doorlatende, droge, kalkhoudende grond.

TOEPASSING: deze zonaanbidder groeit graag op een droge, warme plaats, bijvoorbeeld in de rotstuin of langs een zuidmuur. Omdat de plant zich goed in vorm laat knippen, kunt u hem in gebieden met zachte winters als duurzame omlijsting van (rozen)borders aanplanten. Het grijze blad vormt een fraai contrast met bijna elke bloemenkleur. Als u de plant in een kuip

of balkonbak plant kunt u de aangename geur naar u toe halen.

VERZORGINGSTIP: jaarlijks snoeien houdt de plant in vorm. In koudere gebieden is het aan te raden de plant een winterdek te geven.

VERMEERDERING: van het late voorjaar tot de zomer geknipte stekken groeien snel uit tot jonge planten.

BIJZONDERE EIGENSCHAPPEN: de fijne grijze beharing beschermt het blad op een warme standplaats tegen sterke verdamping.

AANBEVOLEN CULTIVARS: 'Edward Bowles' heeft roomwitte bloemen boven grijsgroen blad (40 cm).

ANDERE SOORTEN: *S. rosmarinifolia* is fraai met lindegroen blad en zwavelgele bloemen.

Saxifraga x arendsii
Steenbreek

Standplaats:

Toepassing:
S

Eigenschappen:

FAMILIE: Steenbreekachtigen *(Saxifragaceae)*

HERKOMST: uit kweek. De oudersoorten van de steenbreek stammen hoofdzakelijk uit gematigde berggebieden.

GROEI: 3–15 cm hoog, afhankelijk van de cultivar; mosachtige zoden.

BLAD EN BLOEMEN: lancetvormig, veerspletig, wintergroen; hardgroen. Tere komvormige bloemen steken op dunne vertakte stengels uit de zoden omhoog. Afhankelijk van de cultivar zijn ze roze, rood of wit. Bloeitijd april tot mei.

STANDPLAATS: halfschaduw; voedselrijke, humusrijke, doorlatende, matig droge grond.

TOEPASSING: weinig zorg vereisende voorjaarsbloeier voor de rotstuin. Het is een mooi gezicht als hij over een muurtje groeit. Hij is geschikt als omlijsting van paadjes en trappen, voor grafbeplanting en voor balkonbakken en troggen. Akelei, schoenlappersplant, elfenbloem, primula, purperklokje of klein gebroken hartje maken het beeld compleet.

VERZORGINGSTIP: de plant kan niet goed tegen wateroverlast.

VERMEERDERING: de zoden kunnen in het voorjaar gedeeld worden. In de herfst afgeknipte, onbewortelde kleine rozetten kunt u als stekjes onder glas vermeerderen.

AANBEVOLEN CULTIVARS: 'Purpurteppich' is betoverend met een zee van donkerrode bloemen, 'Schneeteppich' is de witte aanvulling. Rode tinten komen van 'Blütenteppich' (karmijnroze) en 'Ingeborg' (donkerrood). De roze bloeiende 'Birch Baby' en de witte 'Schneezwerg' blijven met 3 cm zeer laag.

ANDERE SOORTEN: *S. x apiculata* betovert van maart tot april met een geel bloementapijt boven groenblijvende bladrozetten.

Scabiosa caucasica
Kaukasisch duifkruid

Standplaats:

Toepassing:

B F

Eigenschappen:

FAMILIE: Kaardenfamilie *(Dipsacaceae)*

HERKOMST: zoals de naam al doet vermoeden, is de soort afkomstig uit de Kaukasus. Velen kennen hem ook als schurftkruid.

GROEI: 60–90 cm hoog, afhankelijk van de cultivar; bossig, polvormig.

BLAD EN BLOEMEN: grondbladeren lancetvormig, stengelbladeren veerspletig; grijsgroen. De grote, komvormige bloemen met de gerimpelde bloemblaadjes tronen op stijf opgaande, soms vertakte bloemstelen. Naast blauwe zijn er ook blauwviolette of witte cultivars. Bloeitijd juni tot september.

STANDPLAATS: zonnig, warm, beschut; voedselrijke, kalkhoudende, doorlatende, matig vochtige grond.

TOEPASSING: kaukasisch duifkruid verrijkt borders en borderranden met zijn tere bloemenpracht. Bovendien is het een houdbare snijbloem en groeit hij in een bak ook op een zonnig balkon. Hij staat graag in de buurt van rozen, asters, fijnstraal,

salvia, duizendblad of rudbeckia.

▬ VERZORGINGSTIP: de vaste plant is zeer gevoelig voor nattigheid en temperaturen onder nul. Plaats hem daarom op een beschutte plek en dek hem 's winters af. Aan het eind van de winter krachtig terugsnoeien, zodat hij weer gewillig uitloopt.

▬ VERMEERDERING: vroeg in het voorjaar zaaien of delen, van het late voorjaar tot de voorzomer wortelstandige stekken afknippen.

▬ BIJZONDERE EIGENSCHAPPEN: de bloemen van het duifkruid mogen zich bij bijen en vlinders in een grote populariteit verheugen.

▬ AANBEVOLEN CULTIVARS: 'Blauer Atlas' bloeit diepblauw, 'Clive Greaves' lichtblauw. De bloemen van 'Miss E. Willmott' vertonen zich in zuiver wit, die van 'Stäfa' in donker violet.

Sedum acre
Muurpeper

Standplaats:

Toepassing:

S F

Eigenschappen:

Familie: Vetplanten *(Crassulaceae)*

Herkomst: in Europa inheems, in Noord-Amerika ingeburgerd.

Groei: 5–10 cm hoog; met kruipende stengels tapijten vormend, sterk uitbreidend.

Blad en bloemen: cilindrisch, vlezig, groenblijvend; groen. De bladzoden zijn bezaaid met stervormige, stralend gele bloemen. Bloeitijd juni tot juli.

Standplaats: zonnig, droog; matig voedselrijke, zandige, doorlatende grond.

Toepassing: vrolijk bloeiende vetplant voor de droogste zones van de tuin. Een must voor rotstuinen en droge muurtjes, een aanrader voor in het oog vallende daktuinen, grintborders, en voor het beplanten van graven en troggen. De plant bedekt kale plekken in een oogwenk. Hij laat zich goed combineren met andere zodenvormende vaste planten zoals de steenanjer, wilde tijm of blauw schapegras.

VERZORGINGSTIP: de weinig eisen stellende vetplant, die in zijn bladeren water opslaat, kan goed tegen droogte en warmte, maar hij kan zich ook sterker uitbreiden dan u zou wensen.

VERMEERDERING: de planten zaaien zich gemakkelijk zelf uit en kunnen in het voorjaar ook gedeeld worden.

BIJZONDERE EIGENSCHAPPEN: giftige plant. Consumptie van de uiterst scherp smakende stengels en bladeren kan misselijkheid veroorzaken. Bij insecten daarentegen zijn de nectarrijke bloemen zeer geliefd.

AANBEVOLEN CULTIVARS: 'Aureum' heeft niet alleen gele bloemen, maar ook geel blad. 'Minor' wordt slechts 5 cm hoog.

ANDERE SOORTEN: *S. kamtschaticum* 'Variegatum' heeft eerst stralend gele bloemen, later rode. De spatelvormige bladeren zijn versierd met een geelachtige rand.

Sedum spectabile 'Brillant'
Vetkruid

Standplaats:

Toepassing:

B F S

Eigenschappen:

FAMILIE: Vetplanten *(Crassulaceae)*

HERKOMST: uit kweek. De soort, die ook wel hemelsleutel genoemd wordt, is voor oorsprong afkomstig uit Korea en China.

GROEI: 40 cm hoog; bossig opgaand, pollen vormend.

BLAD EN BLOEMEN: breed ovaal, vlezig, getand; grijsgroen. Elke schermvormige bloem bestaat uit een groot aantal kleine stervormige, donkerroze bloemen. De bloemen zitten eindstandig aan stevige, gladde, onvertakte bloemstelen. Bloeitijd augustus tot september.

STANDPLAATS: zonnig en warm; voedselrijke, gelijkmatig vochtige, doorlatende grond.

TOEPASSING: deze laat bloeiende vetplant staat prachtig aan de rand van vaste-plantenborders, voor warme muren op het zuiden, in de rotstuin en in kuipen en balkonbakken. Grassen, dwergherfstaster en salvia zijn goede begeleiders in de nazomer. De bloemen zijn geschikt als snijbloem.

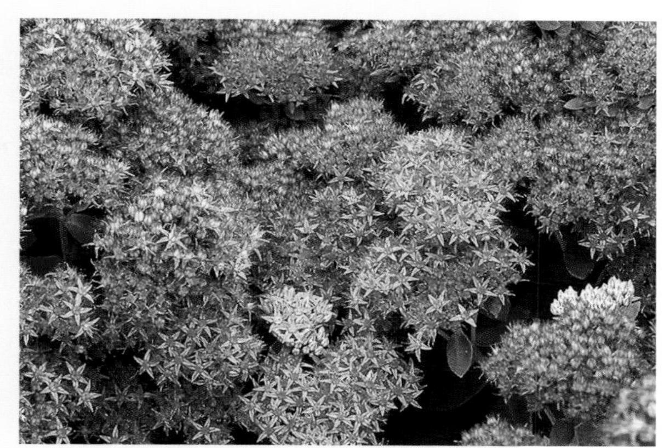

VERZORGINGSTIP: in tegenstelling tot andere sedum-soorten mag bij deze de bodem niet uitdrogen. Compost geven in het voorjaar wordt met een rijke bloei beloond.

VERMEERDERING: in het voorjaar aan het begin van de bloei delen.

BIJZONDERE EIGENSCHAPPEN: de brede bloemschermen zijn geliefde plaatsen voor bijen en andere nectar verzamelende insecten om te dartelen. De daaropvolgende bruine zaaddozen zijn tot in de winter mooi om te zien.

AANBEVOLEN CULTIVARS: de karmijnroze bloeiende 'Brillant' hoort tot de populairste cultivars. 'Carmen' bloeit donkerroze en verdraagt ook droogte, 'Frosty Morn' heeft karmijnroze bloemen boven witgroen bontgekleurd blad. 'Stardust' bloeit wit.

ANDERE SOORTEN: een klassieker is *S. telephium* 'Herbstfreude', met zijn purperrode bloemen die tot in oktober verschijnen.

Sempervivum-Hybriden
Huislook

Standplaats:
☼

Toepassing:
S F B

Eigenschappen:
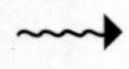

FAMILIE: Vetplanten *(Crassulaceae)*

HERKOMST: uit kweek. De soorten van dit omvangrijke geslacht zijn te vinden in de berggebieden van Europa en Azië.

GROEI: tot 10 cm hoog; vlakke, brede of kleine, knopachtige rozetten die zich zodenachtig uitbreiden.

BLAD EN BLOEMEN: ovaal, spits, vlezig, symmetrisch in rozetten gerangschikt; afhankelijk van de cultivar licht- tot zwartgroen, roodachtig tot bruin, soms met zilverachtige haren omwonden. De kleuring van het blad is in het voorjaar bijzonder intensief. Aan opgaande bloemstelen zitten tuilen met kleine stervormige bloemen, afhankelijk van de cultivar in roze, rode, gele of witte tinten. Bloeitijd meestal juni tot juli.

STANDPLAATS: zonnig, droog; voedselarme, zandige, doorlatende, droge grond.

TOEPASSING: groenblijvende vetplant voor de allerzonnigste plaatsen in de rotstuin. Hij groeit in muurspleten, gruisbedden, op daktuinen en is geschikt voor omlijstingen en voor het beplanten

van graven. Lage baardiris, muurpeper- en steenbreeksoorten, rozenkransje of tijm zijn passende buren. Met de talrijke cultivars kunt u ook in kommen en balkonbakken een kleine verzameling aanleggen.

VERZORGINGSTIP: de plant verdraagt veel droogte, heeft nauwelijks voedingsstoffen nodig en neemt maar weinig plaats in. Sterk behaarde planten moeten tegen de winterse nattigheid beschermd worden.

VERMEERDERING: van het voorjaar tot de zomer kunt u bijrozetjes afsnijden. Onbewortelde rozetten worden als stekken behandeld.

AANBEVOLEN CULTIVARS: voor liefhebbers van donkere tinten zijn 'Black Prince' (zwartpurper blad met groene punt) of 'Noir' (zwartgroen met rode punten) aan te bevelen.

Silene x arkwrightii 'Orange Zwerg'
Koekoeksbloem

Standplaats:
☼ – ◑

Toepassing:
B F

Eigenschappen:
✂

FAMILIE: Anjerfamilie *(Carypophyllaceae)*

HERKOMST: Uit kweek. De soorthybride is ook bekend onder het synoniem *Lychnis x arkwrightii*, zoals hij jarenlang genoemd werd.

GROEI: 30 cm hoog; opgaand, losjes bossig, polvormig.

BLAD EN BLOEMEN: eivormig lancetvormig, sterft na de bloei af; groen. Stervormige, vijftallige, stralend oranje bloemen zitten in groepjes aan het stengeleinde. Bloeitijd juni tot juli-augustus.

STANDPLAATS: bij voorkeur zonnig, ook halfschaduw; voedselrijke, doorlatende, maar voldoende vochtige bodem.

TOEPASSING: rijk bloeiende vaste plant voor de borderrand, die in groepen geplant voor stralende, al van verre zichtbare kleureffecten zorgt. De bloemen kunnen ook als snijbloem gebruikt worden.

VERZORGINGSTIP: uitgebloeide bloemen verwijderen helpt de bloeitijd te verlengen. 's Winters op natte grond gaan de vaste planten snel rotten.

VERMEERDERING: na de bloei delen of in het voorjaar zaaien.

AANBEVOLEN CULTIVARS: 'Vesuvius' heeft stralend oranjerode bloemen boven donker bruinrood blad (40 cm).

ANDERE SOORTEN: brandende liefde *(S. chalcedonica,* syn. *Lychnis chalcedonica)* is een stralend rood bloeiende borderplant, die al eeuwen geleden in boerentuinen te vinden was. Hij kan tot 100 cm hoog worden. De rode pekanjer (*S. viscaria*, syn. *Lychnis viscaria*) bloeit paarsroze, de cultivar 'Plena' is gevuld.

Solidago-Hybride 'Tara'
Guldenroede

Standplaats:

Toepassing:

B F

Eigenschappen:

✂

FAMILIE: Samengesteldbloemigen *(Asteraceae)*

HERKOMST: uit kweek. De oudersoorten stammen uit Noord-Amerika.

GROEI: 80 cm hoog; opgaand, bossig, polvormig, sterk groeiend, maar niet woekerend.

BLAD EN BLOEMEN: langwerpig lancetvormig, duidelijk geaderd; frisgroen. Zeer kleine, stervormige bloemetjes in stralend geel zweven in dichte pluimen boven het blad. Bloeitijd juli tot september.

STANDPLAATS: zonnig; matig voedselrijke, leemachtige, vochtige grond.

TOEPASSING: opvallende bloemenplant voor borders en borderranden, zeer fraai in de wilde bloementuin. Samen met herfstasters, chrysanten, fijnstraal, ridderspoor, duifkruid of zonnekruid laat hij de nazomer nog een keer bloeien. Guldenroede is een houdbare snijbloem.

VERZORGINGSTIP: om te voorkomen dat de plant zichzelf uitzaait, moet u de uitgebloeide bloemstengels tijdig afknippen.

VERMEERDERING: nieuwe planten verkrijgt u het snelste door deling in het voorjaar. Dat zorgt tegelijkertijd voor het verjongen van de plant.

BIJZONDERE EIGENSCHAPPEN: de bloemen zijn in de nazomer een welkome bron van nectar voor bijen en andere insecten.

AANBEVOLEN CULTIVARS: de goudgele, op mimosa lijkende bloemen van 'Goldenmosa' zijn schitterend. 'Strahlenkrone' vormt vlakke, goudgele bloempluimen. 'Ledsham' bloeit lichtgeel.

ANDERE SOORTEN: *x Solidaster luteus* is een kruising tussen *Aster ptarmicoides* en *Solidago*. Zijn lichtgele, ganzebloemachtige bloemen zitten in dichte pluimen en zijn bijzonder geschikt voor boeketten.

Stachys byzantina
Ezelsoor

Standplaats:

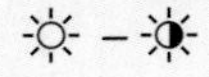

Toepassing:

B F S

Eigenschappen:

FAMILIE: Lipbloemigen *(Lamiaceae)*

HERKOMST: de soort (syn. *S. lanata*) is afkomstig uit Voor-Azië.

GROEI: 30 cm hoog; opgaand, bossig, door uitlopers pollen vormend.

BLAD EN BLOEMEN: langwerpig elliptisch, stevig, grondbladeren in rozetten gerangschikt; grijswit, dicht wollig behaard. Smalle, eindstandige, wollig behaarde aren met roze bloemen. Bloeitijd juli tot september.

STANDPLAATS: zon of halfschaduw, beschermd tegen de nattigheid; voedselarme, zandige grond.

TOEPASSING: als bodembedekker maakt de zilverbladige vaste plant donkere, droge zones in de tuin lichter. Hij is ook zeer geschikt als randbeplanting. In combinatie met schoenlappersplant, hosta, vrouwenmantel, zenegroen, kattekruid of rozen ontstaat een contrastrijk kleurenspel.

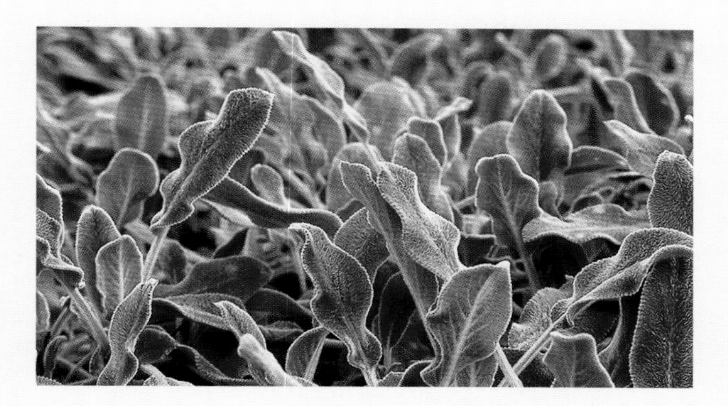

Verzorgingstip: bij winterse nattigheid gaan de planten snel rotten.

Vermeerdering: in het voorjaar bij het begin van de groei delen.

Bijzondere eigenschappen: de voor mensen nogal onopvallende bloemen trekken bijen en andere insecten in groten getale aan.

Aanbevolen cultivars: 'Silver Carpet' wordt slechts 15 cm hoog en begroeit met zijn dichte, vlakke tapijten ook grotere oppervlakten. De weinig eisen stellende plant bloeit nauwelijks en is zeer geschikt voor het beplanten van graven.

Andere soorten: *S. macrantha* 'Superba' (syn. *S. grandiflora*) groeit opgaand tot 60 cm hoog en betovert met zijn paarsroze bloemen in etagegewijs gerangschikte spiralen.

Stipa tenacissima
Vedergras

Standplaats:
☼

Toepassing:
F S

Eigenschappen:
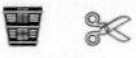

FAMILIE: Grassenfamilie *(Poaceae)*

HERKOMST: de in China inheemse soort is ook bekend onder de namen alfagras of espartogras.

GROEI: 60 cm hoog; los polvormig, met lange, gebogen bloemhalmen.

BLAD EN BLOEMEN: smal, lang, ingerold; lichtgroen. Groenachtig-witte aren met lange baarden verdelen zich in grote, veerachtige pluimen. Bloeitijd juli tot augustus.

STANDPLAATS: zonnig, droog; voedselarme, zandige, kalkhoudende grond.

TOEPASSING: elegant siergras, dat zich als solitair in zijn volle schoonheid laat zien. Een goede keus voor de wilde bloementuin, rotstuinen, steppenachtige beplantingen, grasgroepen of in de wijde omtrek van de tuinvijver. De bloemen zijn als decoratie voor boeketten zeer geliefd. Ze hoeven alleen maar tijdig te worden afgeknipt om lang goed te blijven in de vaas.

VERZORGINGSTIP: de plant houdt niet van lange regenperiodes, vooral in de winter niet. Daarom kan hij het beste een beschutte plek krijgen. In het voorjaar wordt hij flink teruggesnoeid.

VERMEERDERING: in het voorjaar, zodra hij begint te groeien, delen of in de herfst zaaien.

BIJZONDERE EIGENSCHAPPEN: de tere halmen bewegen al bij het lichtste zuchtje wind. Uit de bladeren worden een textiele vezel gemaakt (harde touwvezel).

ANDERE SOORTEN: *S. pennata* blijft met 40 cm compacter en past uitstekend in kuipen of grotere balkonbakken.

Thymus x citriodorus
Citroentijm

Standplaats:

Toepassing:

S F

Eigenschappen:

FAMILIE: Lipbloemigen *(Lamiaceae)*

HERKOMST: een kruising tussen grote tijm *(T. pulegioides)* en echte tijm *(T. vulgaris)*. De soorten zijn in Europa inheems, *T. vulgaris* overwegend in het Middellandse-Zeegebied.

GROEI: 15 cm hoog; rondachtige zoden vormend.

BLAD EN BLOEMEN: elliptisch tot lancetvormig, smal, groenblijvend; geelgroen, naar citroen geurend. Kleine tweelippige, lichtroze bloemen verdelen zich in losse bloemaren. Bloeitijd juni tot juli.

STANDPLAATS: zonnig en warm; matig voedselrijke tot armere, zandige, doorlatende, droge grond.

TOEPASSING: geurende plant voor de rots- en heidetuin evenals voor troggen en balkonbakken. Aan de rand of in voegen van paadjes en trappen is hij zeer decoratief. De aromatische blaadjes zijn zeer populair voor het kruiden van gerechten. De plant mag in de kruidentuin niet ontbreken.

VERZORGINGSTIP: een snoeibeurt na de bloei of in het voorjaar houdt de groeikracht in stand. Bij teveel vochtigheid in de winter gaan de planten snel rotten. Bovendien moet u ze beschermen tegen droge vorst met een droge afdekking van bijvoorbeeld sparretakken.

VERMEERDERING: grotere exemplaren in het voorjaar delen of in de zomer zachte stekken knippen.

BIJZONDERE EIGENSCHAPPEN: bijen dartelen graag tussen de kleine bloemen.

AANBEVOLEN CULTIVARS: 'E.B. Anderson' vormt gele zoden. 'Golden Dwarf' is een sterke cultivar met een lichtgroen bladtapijt. 'Silver King' heeft zilverachtig witte bontgekleurde bladeren en verspreidt een bijzonder intense citroengeur.

Trollius-Hybriden
Kogelboterbloem

Standplaats:

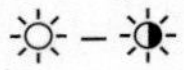

Toepassing:

W B F

Eigenschappen:

FAMILIE: Ranonkelachtigen *(Ranunculaceae)*

HERKOMST: uit kweek. Nakomelingen van de beschermde globebloem *(T. europaeus)*.

GROEI: 60–90 cm hoog, afhankelijk van de cultivar; bossig, polvormig.

BLAD EN BLOEMEN: handvormig gedeeld, enkele bladen diep getand; diepgroen. Kom- of bolvormige bloemen in stralende tinten geel zitten eindstandig aan opgaande, vertakte bloemstelen. Bloeitijd mei tot juni.

STANDPLAATS: zon of halfschaduw; voedselrijke, lemige, humusrijke, matig vochtige tot natte grond.

TOEPASSING: een kleurentopper voor de waterkant en vochtige weide, maar ook voor borderranden met matig vochtige ondergrond. In combinatie met astilbe, Siberische lis, primula, scherpe boterbloem of moerasvergeet-mij-nietje vormt hij decoratieve groepen. De bloemen passen uitstekend in een zomerboeket.

VERZORGINGSTIP: na de bloei snoeien tot op de bodem, in combinatie met een stevige mestgift, zorgt voor bloemen tot in de herfst.

VERMEERDERING: planten na de bloei delen of direct nadat het zaad gerijpt is, uiterlijk in het voorjaar, zaaien.

BIJZONDERE EIGENSCHAPPEN: alle onderdelen van de plant zijn giftig.

AANBEVOLEN CULTIVARS: 'Alabaster' is een uitzondering en bloeit roomwit (50 cm). 'Goldquelle' betovert met zijn stralend goudgele, kogelronde bloemen (70 cm), 'Lemon Queen' bloeit licht citroengeel (60 cm).

ANDERE SOORTEN: De Chinese globebloem 'Golden Queen' *(T. chinensis)* bloeit in juni-juli met grote komvormige bloemen in oranjegeel en verdraagt ook een wat drogere standplaats.

Verbascum chaixii
Toorts

Standplaats:

Toepassing:

B F

FAMILIE: Leeuwebekjesfamilie *(Scrophulariaceae)*

HERKOMST: de beschermde soort, ook als koningskaars bekend, is in Europa inheems.

GROEI: 100 cm hoog; uit de wortelstandige bladrozetten steken opgaande, sterke bloemstelen omhoog.

BLAD EN BLOEMEN: ovaal, tot 25 cm lang; middengroen. Lichtgele, komvormige enkele bloemen met opvallend rode meeldraden zitten in lange, kaarsvormige bloemaren. Bloeitijd juli tot augustus.

STANDPLAATS: zonnig; zandige, rotsige, doorlatende grond.

TOEPASSING: deze 'omvangrijke' solitairplant staat goed in de achtergrond van borders en borderranden en mag in geen enkele wilde bloementuin ontbreken. Het is een gemakkelijke plant die ook in een gruisbed gedijt. Kattekruid, lavendel, salvia, hoge ereprijs of bodembedekkers als het stekelnootje en bodembedekkende rozen zijn passende buren.

VERZORGINGSTIP: de soort blijft jarenlang op dezelfde plaats staan. Aan het eind van de winter wordt hij flink teruggesnoeid.

VERMEERDERING: in het voorjaar voor het begin van de groei delen. Cultivars ontwikkelen zich door zaaien niet soortecht. In de late herfst kunt u ongeveer 5 cm lange wortelstekken nemen, deze horizontaal poten en laten wortelen.

BIJZONDERE EIGENSCHAPPEN: geliefd bij bijen.

AANBEVOLEN CULTIVARS: de purperkleurige meeldraden geven aan de witte bloemen van 'Album' iets extra's. Moderne, grootbloemige hybride cultivars zijn overblijvend. 'Pink Domino' bloeit zalmroze, de slechts 40 cm hoge 'Jackie' zalmroze met een donker oog.

ANDERE SOORTEN: De gele wollige toorts *(V. bombyciferum)* is helemaal wollig behaard (180 cm).

Veronica teucrium
Brede ereprijs

Standplaats:

Toepassing:

S B F

Eigenschappen:

FAMILIE: Leeuwebekjesfamilie *(Scrophulariaceae)*

HERKOMST: de beschermde brede ereprijs (syn. *V. austriaca* subsp. *teucrium*) is van Europa tot in Siberië van nature verspreid. Hij is ook bekend onder de naam breedbladige ereprijs.

GROEI: 50–60 cm hoog; opgaand bossig, pollen vormend.

BLAD EN BLOEMEN: smal eivormig, spits, gekarteld, behaard; grijsgroen. Kleine stervormige, azuurblauwe bloemen zitten aan lange stelen aan piramidevormige trossen. Bloeitijd mei tot juni.

STANDPLAATS: zonnig en warm; matig voedselrijke, kalkhoudende, doorlatende, matig droge grond.

TOEPASSING: weinig eisen stellende vaste plant, die graag in de rots- of heidetuin groeit en aan borders en borderranden de geliefde blauwe tint verleent. Een bijzondere blikvanger wordt gevormd door groepen ereprijs, die u kunt aanvullen

met alant, schildpadbloem, fijnstraal, duizendblad, gipskruid of zonneroosje. Hoge cultivars leveren houdbare snijbloemen.

VERZORGINGSTIP: De vaste plant houdt niet van winterse nattigheid.

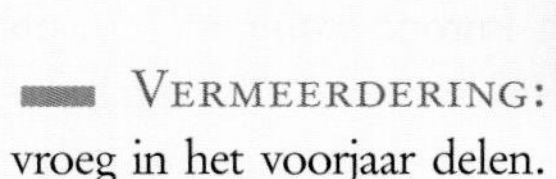

VERMEERDERING: vroeg in het voorjaar delen. Wat later kunt u ook zaaien of stekken knippen.

AANBEVOLEN CULTIVARS: de zodenvormige 'Knallblau' wordt slechts 25 cm hoog en past voortreffelijk in de voorgrond van borderranden. Zijn naam heeft hij te danken aan zijn stralend gentiaanblauwe bloemen. 'Shirley Blue' is zijn tegenhanger in lichter blauw. De donkerblauwe 'Königsblau' wordt 40 cm groot.

ANDERE SOORTEN: de lichtblauwe bloemen van *V. gentianoides* zijn decoratief donkerblauw geaderd. De cultivar 'Variegata' valt daarnaast ook nog door zijn witbonte blad op.

Vinca major
Grote maagdenpalm

Standplaats:

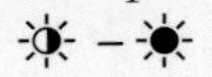

Toepassing:

G

Eigenschappen:

FAMILIE: Maagdenpalmachtigen *(Apocynaceae)*

HERKOMST: van het Middellandse-Zeegebied tot in de Kaukasus te vinden.

GROEI: 20 cm hoog; houtige halfheester met lange, liggende stengels, breidt zich sterk uit door uitlopers en scheuten.

BLAD EN BLOEMEN: langwerpig hart- tot eivormig, leerachtig glanzend, groenblijvend; donkergroen. Middelblauwe stervormige bloemen verdelen zich enkelvoudig over het bladerdek. Bloeitijd april tot mei.

STANDPLAATS: halfschaduw tot schaduw, warm; humusrijke, losse, droge tot matig vochtige grond.

TOEPASSING: gemakkelijke bodembedekker, die zelfs in de diepste schaduw van bomen groeit. Hij is ook geschikt voor het beplanten van graven, kuipen of balkonbakken. Astilbe, kerstroos, vingerhoedskruid, geitebaard, varens of schaduwgrassen verdragen zijn nabijheid.

VERZORGINGSTIP: de sterk groeiende plant mag in het voorjaar hard teruggesnoeid worden. Omdat de plant alleen in gebieden met zachte winters volledig winterhard is, moet hij bij droge vorst afgedekt worden.

VERMEERDERING: door deling van het voorjaar tot de zomer. Omdat zich wortels ontwikkelen aan de bladknoppen, kunt u op elk moment stekken nemen of bewortelde stengels afsnijden.

BIJZONDERE EIGENSCHAPPEN: alle onderdelen van de plant zijn giftig.

AANBEVOLEN CULTIVARS: 'Variegata' valt op met zijn geelachtig-wit gerande blad, het blad van 'Reticulata' heeft een geelgroen hart.

ANDERE SOORTEN: kleine maagdenpalm *(V. minor)* bloeit afhankelijk van de cultivar in tinten blauw, wit of violet (10–15 cm).

Viola cornuta
Hoornviooltje

Standplaats:

Toepassing:
B F S G

Eigenschappen:

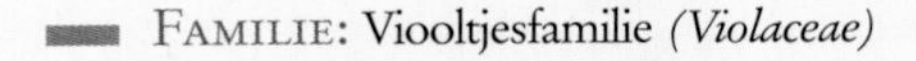

FAMILIE: Viooltjesfamilie *(Violaceae)*

HERKOMST: uit kweek. De wilde vorm van het 'miniviooltje' is overwegend in de Pyreneeën inheems.

GROEI: 15–20 cm hoog; bossig tot uitstoelend, met een kruipende wortelstok uitbreidend.

BLAD EN BLOEMEN: langwerpig ovaal, gekarteld, groenblijvend; frisgroen. Viooltjesbloemen in miniatuurformaat, uit vijf overlappende bloemblaadjes samengesteld; in talrijke variaties van geel, blauw, violet, rood en wit, effen of meerkleurig. Bloeitijd mei tot september.

STANDPLAATS: zon of halfschaduw; humusrijke, leemachtige, doorlatende, matig vochtige grond.

TOEPASSING: deze rijk bloeiende vaste plant is zeer charmant, zowel in de rotstuin, in de voorgrond van een border, in kommen en balkonbakken als op een graf. Bovendien kunnen de gekleurde cultivars zeer goed met elkaar gecombineerd worden of naast anemonen, campanula, Engels gras, primula's, lage varens of grassen gezet worden. De bloemen kunnen in kleine boeketjes verwerkt worden.

VERMEERDERING: afhankelijk van de cultivar worden de kleine vaste planten meestal een- of tweejarig gekweekt. Voor de herfstbloei kunt u in juni-juli zaaien in de koude kas of direct ter plekke, voor een bloei in het voorjaar in januari onder glas.

AANBEVOLEN CULTIVARS: 'Blaulicht' bloeit zeer lang in donkerblauw, 'Jackanapes' is goudgeel met roodbruine vleugels, 'Molly Sanderson' bijna zwart, 'Rubin' in donker wijnrood, 'White Perfection' wit.

ANDERE SOORTEN: de sterk geurende bloemen van het Maarts viooltje *(V. odorata)* verschijnen in het voorjaar. 'Königin Charlotte' bloeit blauwviolet en bloeit in de herfst nog een keer. 'Irish Elegance' bloeit zachtgeel, 'Rubra' donkerrood.

REGISTER